Max Sauerlandt

Der stille Garten - deutsche Maler der ersten Hälfte des 19. Jahrhunderts

Verlag
der
Wissenschaften

Max Sauerlandt

Der stille Garten - deutsche Maler der ersten Hälfte des 19. Jahrhunderts

ISBN/EAN: 9783957003386

Auflage: 1

Erscheinungsjahr: 2015

Erscheinungsort: Norderstedt, Deutschland

Hergestellt in Europa, USA, Kanada, Australien, Japan
Verlag der Wissenschaften in Hansebooks GmbH, Norderstedt

Cover: Philipp Otto Runge "Die Hülsenbeckschen Kinder"

Verlag
der
Wissenschaften

DER STILLE GARTEN

DEUTSCHE MALER DER ERSTEN HÄLFTE DES 19. JAHRHUNDERTS

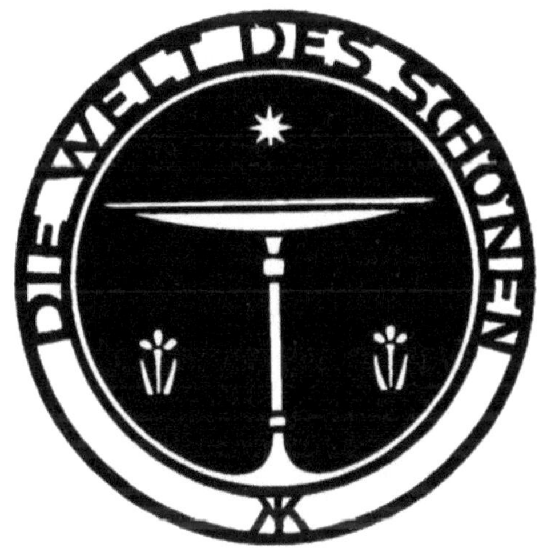

MIT ÜBER 100 ZUM GROSSEN TEIL
GANZSEITIGEN ABBILDUNGEN.

ERSTES BIS ZWANZIGSTES TAUSEND. 1908.

KARL ROBERT LANGEWIESCHE.

DÜSSELDORF UND LEIPZIG.

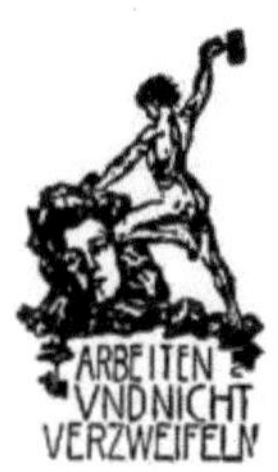

Die erste Auflage dieses Werkes wurde
im März und April 1908 für den Verlag
KARL ROBERT Langewiesche bei Emil
Herrmann senior in Leipzig gedruckt.
Die Autotypie-Druckstöcke wurden in
den Graphischen Anstalten der Firmen
F. Bruckmann, A.-G., und Dr. E. Albert
& Co., beide in München, neu für das
Werk gearbeitet. Die Lieferung des
Kunstdruck-Papieres lag in den Händen
der Firma Krause & Baumann, Dresden.

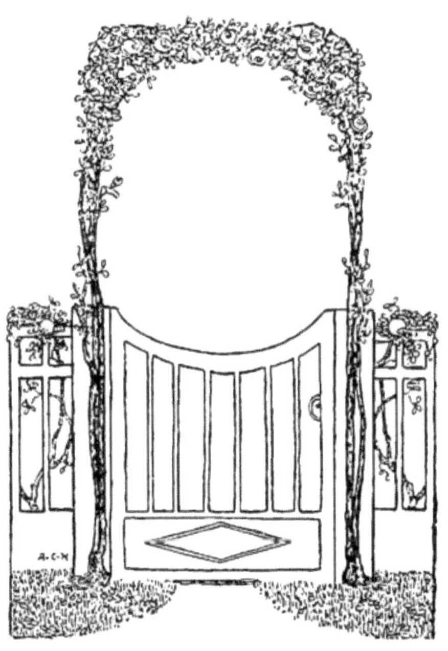

Dies Buch wäre ohne die außerordentliche kunstwissenschaftliche Arbeit, welche für die „DEUTSCHE JAHRHUNDERT-AUSSTELLUNG 1906" und gelegentlich derselben geleistet worden ist, überhaupt nicht möglich gewesen. Das sei dankbar und ausdrücklich anerkannt. Andererseits aber bittet das Buch als das genommen zu werden, was es seiner ganzen Anlage nach ist: Die Arbeit eines Laien für Laien. Es möchte nur ERFREUEN und wenn möglich die beginnende Neigung zu jener Epoche um ein Weniges stärken. Kunstwissenschaftliche Absichten liegen ihm fern. Insbesondere ist Herr Dr. Sauerlandt, der die Freundlichkeit hatte, die „einleitenden Bemerkungen" zu schreiben und (für das Inhaltsverzeichnis) den Abdruck einiger Abschnitte aus früheren Arbeiten zu gestatten, weder im übrigen für dieses Inhaltsverzeichnis noch für Auswahl und Anordnung der Bilder verantwortlich. — Zwei Maler, Spitzweg und Wasmann, fehlen aus äußeren Gründen. Anderseits ist für mancherlei Entgegenkommen seitens derjenigen, die urheberechtliche Ansprüche an die aufgenommenen Bilder haben, aufrichtig und verbindlich zu danken. ▦▦▦▦▦▦▦▦▦▦▦▦▦▦▦▦▦▦▦▦ DER VERLEGER.

EINLEITENDE BEMERKUNGEN

INSBESONDERE ÜBER DIE ANFÄNGE DER LANDSCHAFTSMALEREI IM 19. JAHRHUNDERT

1.

Die deutsche Malerei des 19. Jahrhunderts ist aus dem Geiste der Romantik erwachsen. Was der klassischen Epoche der deutschen Literatur versagt blieb, ein würdiges Gegenspiel auf dem Gebiete der bildenden Kunst, wurde der jungen Bewegung zuteil. Selbst Goethes Sorgen für eine klassische Kunst in Deutschland blieb unverstanden und ohne unmittelbaren Erfolg, es wirkte, im Anfang wenigstens, nur dadurch, daß es zur Kritik herausforderte, allgemein belebend, freilich in anderem Sinne, als Goethe selbst es gewünscht hatte. Denn noch entschiedener als die poetische Romantik, die denn überall doch an Goethe anknüpfte, von ihm ihren Ursprung nahm, erstarkte die romantische Malerei in der Kritik an der klassischen Kunstdoktrin, die Goethe vertrat. Hier mißkannte er einmal die Bedürfnisse und die Fähigkeiten der jungen Generation, die sich anschickte, eine neue deutsche Kunst aus sich selbst hervorzubringen, indem er ein Ziel steckte, das — richtig verstanden — noch heute, nach hundert Jahren vor uns liegt.

„Indem wir nun aber, — so heißt es in der ornamentalen Art des goethischen Altersstiles in den Tag- und Jahresheften 1802 — uns auf jede Weise bemühten, dasjenige in Ausübung zu bringen und zu erhalten, was der bildenden Kunst als allein gemäß und vorteilhaft schon längst anerkannt worden, vernahmen wir in unsern Sälen: daß ein neues Büchlein vorhanden sei, welches vielen Eindruck mache; es bezog sich auf Kunst, und wollte die Frömmigkeit als alleiniges Fundament derselben festsetzen. Von dieser Nachricht waren wir wenig gerührt; denn wie sollte auch eine Schlußfolge gelten, eine Schlußfolge wie diese: einige Mönche waren Künstler, deshalb sollen alle Künstler Mönche sein". Mag immerhin Henrich Steffens, der Naturforscher, recht haben, wenn er erklärt, daß Goethe in dieser (1819—25 geschriebenen) Verurteilung mehr Rücksicht genommen habe auf die Folgen, die sich bei der Masse äußerten, als auf die ursprüngliche Tendenz

des Buches — in welchem Maße hatte er doch die Fühlung mit der heranwachsenden Künstlergeneration verloren! Denn das so hart verurteilte Büchlein Wackenroders „Herzensergießungen eines kunstliebenden Klosterbruders" (denen sich bald die „Phantasien über die Kunst" und „Franz Sternbalds Wanderungen" anschlossen) ist mit unter die stilbildenden Faktoren der neuen deutschen Kunst zu rechnen.

Ihr blieb Goethe, dessen Blicke immer mehr auf die letzten Zwecke und Ziele sich richteten, im ganzen verschlossen. Nur zweien unter den jungen Künstlern, freilich den selbständig-bedeutendsten, Philipp Otto Runge, der für sich allein eine Epoche, die „Blütezeit" der Romantik vertritt, und Caspar David Friedrich, dem Landschaftsmaler, vermochte er noch Gerechtigkeit wiederfahren zu lassen, eine beinahe schon historisch-objektive Gerechtigkeit trotz der innig persönlichen Teilnahme, die er wenigstens Runge entgegenbrachte, der so früh widrigem Geschick erlag. Auf beider Entwicklung auch ist Goethe von bedeutsamem Einfluß gewesen.

*

Runge hat in einem Brief an seine Braut seine erste Begegnung mit Goethe selbst geschildert: „Morgen werde ich die Ehre haben, den Herrn Geheimenrat v. Goethe zu sprechen", schreibt er am 15. Nov. 1803 aus Weimar. Und dann am 16.: „Wie ich hier gestern Abend abbrach und neben an zu Voigt's ging, traf ich Goethe'n auch dort, der zufällig hingekommen war. Er gefällt mir sehr, muß ich sagen; er kam mir gleich entgegen und fragte, was ich mache und arbeite. — Wir haben so die Präludia miteinander gemacht; ich schien ihm doch zu gefallen. Er wollte es einigemal versuchen, mich durch derbe Anrede und sein starkes Ansehen aus dem Zusammenhang zu bringen; ich blieb aber darin, und werde es will's Gott! auch bleiben: ich habe ihn eben wieder grade angesehen, und das, was ich meine, ihm so unverhohlen gesagt, daß er wohl sah, wie sehr es mein Ernst, und mein ist; nicht von mir selbst mein, sondern von Gott, dem alle Dinge sind. Er hatte keine Zeit, sein Wagen stand vor der Türe, und doch sagte er: ich kann nicht davon kommen. Es ist ein starker und hartnäckiger Mann, gegen den ich wie ein Kind stehe, das ohne Waffen ist, und doch fürchte ich mich nicht, auf welcher Seite er stehe, ob neben mir oder gegen mich."

Was war es nur, das die Kunstabsichten des 54jährigen Mannes von denen des 26jährigen Jünglings trennte? Hören wir sie selbst. In der Einleitung zu den „Propyläen" hatte Goethe wenige Jahre vorher die Summe seiner künstlerischen Überzeugung gezogen und alles schließlich in den einen Satz zusammengefaßt, der seit Jahren in ihm feststand: „Der Mensch ist der höchste, ja der eigentliche Gegenstand der Kunst". Gerade dagegen aber, gegen diese Ausschließlichkeit — die freilich in Goethes Sinn alles umfaßte — lehnte sich Runges modernes Empfinden auf. Er fühlte, daß die Zeit auf einem Wendepunkt stand, daß etwas neues entstehen mußte als Ausdruck der anbrechenden neuen Epoche. „Wir sehen in den Kunstwerken aller Zeiten es am deutlichsten, wie das Menschengeschlecht sich verändert hat, wie niemals dieselbe Zeit wiedergekommen ist, die einmal da war; wie können wir denn auf den unseligen Einfall kommen, die alte Kunst wieder zurückrufen zu wollen? .... Die Griechen haben die Schönheit der Formen und Gestalten aufs höchste gebracht in der Zeit, da ihre Götter zu Grund gingen; die neueren Römer brachten die historische Darstellung am weitesten, als die Katholische Religion zu Grund ging: bey uns geht wieder etwas zu Grund, wir stehen am Rande aller Religionen, die aus der Katholischen entsprangen, die Abstraktionen gehen zu Grunde, alles ist luftiger und leichter, als das bisherige, es drängt sich alles zur Landschaft, sucht etwas bestimmtes in dieser Unbestimmtheit und weiß nicht, wie es anzufangen? sie greifen falsch wieder zur Historie und verwirren sich. Ist denn in dieser neuen Kunst — der Landschafterei, wenn man so will, — nicht auch ein höchster Punkt zu erreichen? der vielleicht noch schöner wird wie die vorigen?" (Brief vom Februar 1802 aus Dresden.)
Und nun, nachdem der Gedanke der Landschaftsmalerei als der spezifisch neuen Kunst

Kunst einmal erwacht ist, dringt er immer mehr in die Tiefe und wird in seine letzten romantischen Konsequenzen verfolgt. Runge erfaßte die Aufgabe seiner Kunst im weitesten Umfange, er wollte nicht ein vereinzelt aufblitzendes Licht sein, sondern eine Tradition begründen, eine Grundlage legen, auf der die Späteren fortbauen sollten. „Zuerst bannten die Menschen die Elemente und die Naturkräfte in die menschliche Gestalt hinein, sie sahen nur immer im Menschen sich die Natur regen; das ist das eigentliche historische Fach, daß sie in der Historie selbst nur wieder jene mächtigen Kräfte sahen ... Jetzt fällt der Sinn mehr auf das Gegenteil. Wie selbst die Philosophen dahin kommen, daß man alles nur aus sich heraus imaginiert, so sehen wir oder sollen wir sehen in jeder Blume den lebendigen Geist, den der Mensch hineinlegt, und dadurch wird die Landschaft entstehen ... wenn wir so in der ganzen Natur nur unser Leben sehen, so ist es klar, daß dann erst die rechte Landschaft entstehen muß, als völlig entgegengesetzt der menschlichen oder historischen Komposition. Die Blumen, Bäume und Gestalten werden uns dann aufgehen und wir haben einen Schritt näher zur Farbe getan! Die Farbe ist die letzte Kunst und die uns noch immer mystisch ist und bleiben muß, die wir auf eine wunderlich ahnende Weise wieder nur in den Blumen verstehen." (Brief vom 7. November 1802 aus Dresden.)
Es wäre falsch, wollte man über solche ins Phantastische ausschweifende Gedanken lächeln, in der linkischen Form tritt doch sehr wertvoll Neues hervor. Überall sonst hören wir damals Dichter und Philosophen über die Kunst reden, hier spricht ein Künstler und es lohnt sich ihn zu hören, obgleich seine ästhetische Theorie die Mängel alles ästhetischen Räsonnements der Romantiker teilt, die als gar zu sensible Poeten zu oft vorschnell aus reinen Empfindungen und leichten Ideenassoziationen große luftige Gedankenkonstruktionen aufbauen.

*

Was schon hin und her in Goethes Werther anklingt, hat die frühe Romantik vollendet, sie hat ein neues Verhältnis der

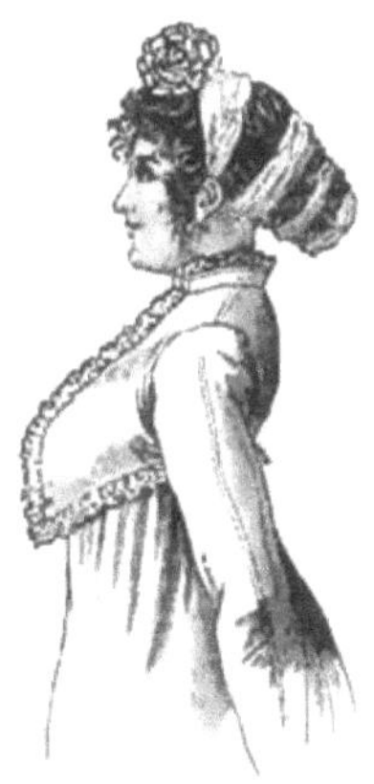

1801

Menschen zur Natur, zu allen Einzelheiten der Natur geschaffen. Wie Werther „im hohen Grase am fallenden Bache" liegt und „näher an der Erde" alle Gräschen und Hälmchen und das ganze Gewimmel von Käfern und Gewürm und Mückchen betrachtet, und darin die „Gegenwart des Allmächtigen", „das Wehen des Alliebenden" verspürt, so wird auch den Romantikern die ganze Natur beseelt und zum Symbol des menschlichen Lebens und des Lebens der Welt, des großen Universums. „Die ganze Natur ist Sprache, die Blume ist ein Wort, ein Ausdruck, ein Seufzer ihrer vollen Brust", sagt Bettina, und Novalis, an den sich Steffens durch Runge am nächsten erinnert fühlte, drückt dasselbe beinahe mythologisch so aus: „Es gibt besondere Arten von Seelen und Geistern, welche Bäume, Landschaften, Steine, Gemälde bewohnen. Eine Landschaft muß man als Dryade oder Oreade ansehen. Eine Landschaft soll man fühlen wie einen Körper. Jede Landschaft ist ein idealischer Körper für eine besondere Art des Geistes."

Ganz so empfindet auch Runge. „Wer sieht nicht Geister auf den Wolken beim Untergang der Sonne? Wem schweben nicht die deutlichsten Gedanken vor die Seele? Entsteht nicht ein Kunstwerk nur in dem Moment, wann ich deutlich einen Zusammenhang mit dem Universum vernehme? Kann ich den fliehenden Mond nicht ebenso festhalten, wie eine fliehende Gestalt, die einen Gedanken bei mir erweckt, und wird jener nicht ebenso ein Kunstwerk?" (Februar 1802, Dresden.) — „Es wird mir bei allen Blumen und Bäumen vorzüglich deutlich und immer gewisser, wie in jedem ein gewisser menschlicher Geist und Begriff oder Empfindung steckt." (Dezember 1802.) Schon der Knabe hat es ausgesprochen, was die Natur ihm bedeutete: „Lieber! was haben wir für einen gewaltig schönen Frühling, heißt es in einem der frühesten Briefe (8. Mai 1798), und einem armen Menschen wie mir, der so zwischen den kalten Mauern herumspazieren muß, wäre es gar nicht zu verdenken, wenn er den eigennützigen Wunsch hätte, die ganze schöne Natur zu umfassen

und mit zu Hause zu nehmen, es ist doch die lebendige Natur allein, die so gewaltsam auf einen wirkt, daß man vor Freudigkeit niedersinken möchte . . . . Der ganze Weg durch Hamm und Horn war wie eine Blume, die Eichen waren eben ausgeschlagen, und dick wie Wolle wühlte das hohe Gras sich durcheinander." Und das Gefühl wird immer intensiver und soll sich immer intensiver aussprechen, die große Analogie zwischen dem Entstehen, dem Sein und Vergehen im Menschenleben und in der Natur soll auf den letzten Ausdruck gebracht werden und so entstehen die vier Kompositionen der Tageszeiten, in denen der Künstler mit seinen Mitteln dem „Rythmus des höchsten Lebens" symbolischen Ausdruck gab. —

Sehr merkwürdig! Beinahe in demselben Augenblick, in dem der Begriff der Landschaft als des wesentlichen Gegenstandes der neuen Kunst zum ersten Male wieder deutlich mit programmatischer Betonung ausgesprochen wird — der Gedanke, der die ganze Kunst des 19. Jahrhunderts so mannigfaltig bewegt hat — beinahe in demselben Moment verliert der Gedanke allen konkreten Inhalt. Denn indem Runge die Landschaft in ihre letzten Elemente, die einzelnen Pflanzen, die einzelnen Blumen zerlegt, hört sie als solche auf zu existieren und an ihre Stelle tritt das nur durch reine mit symbolischen Beziehungen durchwebte Formgedanken zur Einheit verbundene absolute Ornament, die „Arabeske" als die „älteste und ursprünglichste Form der Phantasie" (Fr. Schlegel). Das beweist von neuem, wie stark in der frühen Romantik trotz aller scheinbaren gegenständlichen Befangenheit das Bedürfnis nach reiner Kunstform war.

Runges Tageszeiten sind, trotzdem es ihm nicht beschieden war, das großgedachte Werk zu vollenden, in ihrem fragmentarisch-unvollkommenen Zustande das bedeutendste Denkmal der deutschen Frühromantik im Gebiete der bildenden Kunst und Goethe hatte sehr recht, eine monumentale farbige Ausführung der vorläufig nur in Umrissen gestochenen Blätter zu wünschen, „zu großem Genuß für die Gegenwart und als

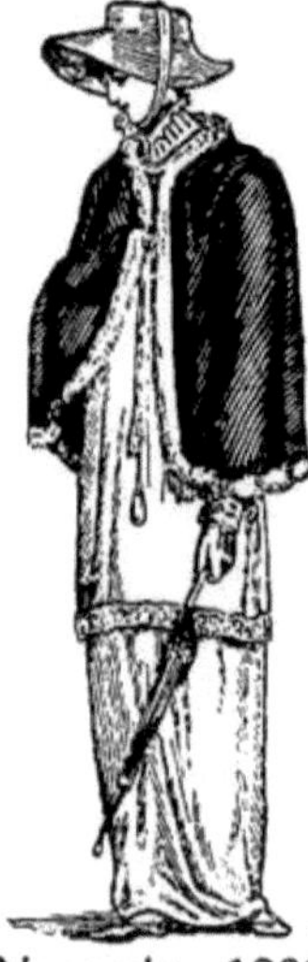

November 1809

ein würdiges Denkmal des deutschen Zeit-
sinnes für die Nachwelt".

⁂

Nicht die „Frömmigkeit" wollten die
Romantiker als alleiniges Fundament der
Kunst festsetzen, wie Goethe sagt, wenigstens nicht in dem begrenzten Sinne, wie
er das Wort verstand. Was sie meinten,
drückt Runge besser aus. Im tiefsten
Grundgefühl der Seele soll das Kunstwerk
empfangen werden, nicht als Lösung einer
äußerlich gestellten Aufgabe, sondern als
Ausdruck lebendig innerer Empfindung,
denn ein Kunstwerk ist nicht Produkt rein
manueller Geschicklichkeit, sondern Produkt eines geistigen Vermögens,
der Phantasie. „Wenn der Himmel über mir von unzähligen
Sternen wimmelt, der Wind
saus't durch den weiten Raum,
die Woge bricht sich brausend
in der weiten Nacht, über dem
Walde rötet sich der Aether,
und die Sonne erleuchtet die
Welt; das Thal dampft und
ich werfe mich im Grase unter
funkelnden Tautropfen hin, jedes
Blatt und jeder Grashalm wimmelt von Leben, die Erde lebt
und regt sich unter mir, alles
tönet in einem Accord zusammen,
da jauchzet die Seele laut auf,
und fliegt umher in dem uner-
meßlichen Raum um mich, es
ist kein unten und kein oben
mehr, kein Anfang und kein
Ende, ich höre und fühle den
lebendigen Odem Gottes, der
die Welt hält und trägt, in dem
alles lebt und wirkt: hier ist das Höchste,
was wir ahnen — Gott!" — und das
ist die Stunde, in der das Kunstwerk
in der Seele des Künstlers empfangen
wird. Freilich das sind Worte eines
überströmenden Jünglingsentheusiasmus
— aber warum der Jugend ihre schöne
Sprache verbieten? Goethe selbst hat gesagt, daß ein von einem Gefühle erfülltes
Herz den Dichter macht. Die Dichter unter
den Romantikern haben wohl gewußt —
Wackenroder spricht es selbst aus —, daß
die Gestaltung des so Empfundenen hand-
werklich schlichte Treue fordert, und mehr
als einer der romantischen Maler hat durch
die Tat bewiesen, daß das nicht Worte
bleiben sollten. Man hat gar so schlecht

doch nicht gemalt in den ersten Jahrzehnten
des Jahrhunderts.

⁂

Es ist bewunderungswürdig, wie schnell
in der kurzen Zeitspanne eines Jahrzehnts,
aus halbklaren Empfindungen deutliche Ein-
sichten und bestimmte Forderungen sich
entwickelten. An diesem Fortschreiten hat
Goethe bedeutsamen Anteil. Weniger durch
unmittelbares Eingreifen, als durch die
ruhige Sicherheit seiner Existenz, durch
seine überall hervortretende Tendenz auf
klare Erkenntnis des Gesetzmäßigen in
allem natürlichen und geistigen Geschehen,
das schließlich immer als ein Einheitliches

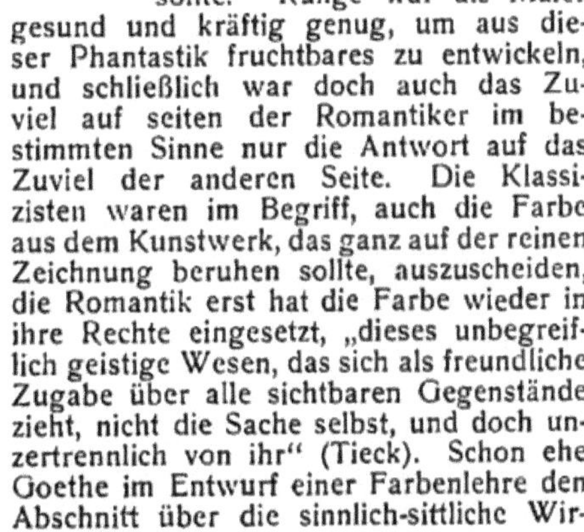

1814 [Ballkleid]

gefaßt wird. Goethes Dasein
bleibt der Hintergrund der
ganzen Epoche, seiner stillen
Einwirkung hat sich keiner damals ganz entziehen können.
Die frühe Romantik strebte
auf allen Gebieten nach umfassender Verschmelzung und
führte damit zu einer jeder inneren Kunstgesetzlichkeit wider-
strebenden Vermischung der
Künste. Die Idee des Ge-
samtkunstwerkes ist damals
zuerst gefaßt worden. „Meine
vier Bilder (die Tageszeiten),
schreibt Runge, ... wenn sich
das erst entwickelt, es wird eine
abstrakte, malerische, phanta-
stisch - musikalische Dichtung
mit Chören, eine Komposition
für alle drei Künste zusammen,
wofür die Baukunst ein ganz
eigenes Gebäude aufführen —
sollte." Runge war als Maler
gesund und kräftig genug, um aus dieser Phantastik fruchtbares zu entwickeln,
und schließlich war doch auch das Zuviel auf seiten der Romantiker im be-
stimmten Sinne nur die Antwort auf das
Zuviel der anderen Seite. Die Klassi-
zisten waren im Begriff, auch die Farbe
aus dem Kunstwerk, das ganz auf der reinen
Zeichnung beruhen sollte, auszuscheiden,
die Romantik erst hat die Farbe wieder in
ihre Rechte eingesetzt, „dieses unbegreif-
lich geistige Wesen, das sich als freundliche
Zugabe über alle sichtbaren Gegenstände
zieht, nicht die Sache selbst, und doch un-
zertrennlich von ihr" (Tieck). Schon ehe
Goethe im Entwurf einer Farbenlehre den
Abschnitt über die sinnlich-sittliche Wir-

VII

kung der Farbe veröffentlichte, hat Runge über die symbolische Bedeutung der verschiedenen Farben nachgedacht, ja darauf die farbige Komposition seiner Tageszeiten, die eben von Anfang an als Gemälde gedacht waren, aufgebaut. Aber je weiter er hier vordrang, um so zwingender trat die Notwendigkeit hervor, die subjektiven Empfindungen wissenschaftlich zu vertiefen und zu begründen. Die Farbenstudien, die nun unablässig betrieben wurden, führten Runge mit Goethe zusammen. Es ist bekannt, daß Runges Arbeiten auf diesem Gebiete Goethes lebhafte Teilnahme erregten, daß Goethe sich selbst fruchtbare Förderung seines Bestrebens von den Untersuchungen des Malers versprach, daß er einen vorläufigen Bericht Runges in dem Entwurf einer Farbenlehre abdruckte.

Runge selbst zweckte mit alle dem auf die Klärung seines Lebensgedankens. „Ich will mein Leben in einer Reihe von Kunstwerken darstellen; wenn die Sonne sinkt und wenn der Mond die Wolken vergoldet, will ich die fliehenden Geister festhalten", so hieß es schon in dem ersten entscheidenden Brief vom Februar 1802. Das ist noch der gestaltlose Drang der Jugend, der echte frühromantische Entheusiasmus für die reiche Schönheit der Natur auf den Höhepunkten ihres farbigen Daseins, wie er auch in der romantischen Poesie in glänzenden Bildern begegnet: „Wie soll ich aber, heißt es in Tiecks Phantasien über die Kunst, den Glanz des Abend-, des Morgenrotes beschreiben! Wie den rätselhaften Mondschimmer und die wiederspiegelnden Gluten in Bach und Strom! Um Schmetterlinge, um Blumen spinnt sich der rote, blanke Glanz, und bleibt fest, die Traube, die Kirschen werden vom weichen Abendrot befühlt und bespiegelt, und in dem grünen Laube hängen grell die roten Früchte. Beim Neigen, beim Sinken der Sonne, beim Schimmer des Mondes ist die Natur in einer raschen, unwillkürlichen Entzückung, in der sie noch freigebiger ist, noch weniger spart, und wie ein Pfau in stolzer Pracht allen Schmuck mit inniger Freude rauschend auseinander schlägt. Unter den Tönen der Natur kann ich nichts als das Schmettern und Flöten der Nachtigall damit vergleichen, die einem Echo gegenüber singt." Runge hat dies Zerfließend-Allgemeine unablässig durch treue Beobachtung zu festigen gesucht. Am 1. Februar 1810, acht Monate vor seinem plötzlich eintretenden Tode, schreibt er darüber an Goethe: „Besonders wünschte ich Ihnen meine Versuche und Ansichten mitzuteilen, welche die Behandlung der allgemeinen Luft- und Erleuchtungseffekte in der Malerei betreffen. Eine sichere Methode und Lehrart für die praktische Behandlung in der Malerei ist unmöglich eher zu erwarten, bis wir die Totaleffekte in der Natur so ansehen, als wären es Bilder oder Gemälde, in denen wir die Behandlung übereinstimmend mit dem, was sie bedeuten, dartun. Dann findet sich vieles von selbst; ist erst eine Verständigung über das Verhältnis des Lichts und der Materie durch Vermittlung der Farben nur im allgemeinen möglich, so haben unsere Farben auf der Palette dieselbe Bedeutung, und welcher Künstler wird es ertragen können, daß der Gebrauch derselben mit dem im Widerspruch steht, was er als Naturverhältnis und als Pigment in ihnen erkennt! . . . Sollte ich mehr Zeit hiefür gewinnen, so würde ich ausdrücklich einige Studien als Beweise ausarbeiten, z. B. eine glatte Meeresfläche, in welcher sich ein heitrer Himmel rein spiegelt, ohne alles Weitere, und so, daß die Spiegelfläche horizontal, der Himmel gewölbt erschiene; so auch Sonnen-Aufgang und -Untergang als bloße Erscheinung in der Luft charakterisiert; wie auch Mondschein und andre allgemeine Effekte. Dieses ist nach meiner Meinung das Ziel, welches wir erreichen müssen, und wir sind alsdann wahrlich einen Schritt weitergekommen, wenn wir den Moment auszudrücken im Stande sind, nicht bloß der Zeit, sondern auch des Würkens der Elemente im Universum der Erscheinung . . ."

Der frühe Tod schnitt vorschnell die Möglichkeit ab, auf dem eingeschlagenen Wege fortzuschreiten, der zu einer neuen Kunst hätte führen sollen, die, statt sich auf rein gefühlsmäßige Überzeugung zu gründen, auf dem durch wissenschaftliche Erkenntnis erhellten Bewußtsein geruht hätte.

*

Ob Runge bei längerem Leben das vorschwebende Ziel erreicht hätte, mag trotzdem bezweifelt werden. Ihm war das Problem in so weitem Umfange aufgegangen, daß die Lösung kaum von der Kraft eines Einzelnen erwartet werden durfte. Um so schmerzlicher ist es, daß

VIII

Runge in der Einsamkeit starb, daß gerade das, was er am sehnlichsten gewünscht hatte, die lebendige Tradition, ausblieb. Schließlich hat doch erst die moderne mit der fortgeschrittenen exakten Wissenschaft verbundene Malerei das gebracht, was Runge so freilich, wie es nun Wirklichkeit geworden ist, auch nicht vor geistigen Augen schweben konnte, was er aber doch in großen Umrissen vorausgeahnt, vorausgefordert zu haben scheint, die neue Kunst als höchste Blüte der Wissenschaft.

2.

In bestimmtem Sinne freilich wurde die Forderung einer neuen Landschaftskunst, die Runge erhoben hatte, schon von der nächsten Zukunft, ja von der unmittelbaren Gegenwart erfüllt, durch Caspar David Friedrich, den Landschaftsmaler. Runge hat den um drei Jahre älteren Landsmann noch in Dresden kennen gelernt und auch späterhin Briefe mit ihm getauscht.

Beider Verhältnis zur Kunst beruhte von Anfang an auf ähnlichen Voraussetzungen. Auch für Friedrich geht das Kunstwerk aus einem inneren mystisch-religiösen Erlebnis hervor. „Du sollst Gott mehr gehorchen denn den Menschen, heißt es in seinen Aphorismen und Tagebuchaufzeichnungen, von denen Andreas Aubert schon vor Jahren wertvolle Bruchstücke veröffentlicht hat. Jeder trägt das Gesetz von Recht und Unrecht in sich, sein Gewissen sagt ihm: dieses zu tun, jenes zu lassen. ... Willst du dich also der Kunst widmen, fühlst du einen Beruf, ihr dein Leben zu weihen, o! so achte genau auf die Stimme deines Innern, denn sie ist Kunst in uns. — Heilig sollst du halten jede reine Regung deines Gemüts, heilig achte jede fromme Ahndung; denn sie ist Kunst in uns! In begeisternder Stunde wird sie zu anschaulicher Form: und diese Form ist dein Bild. — Schließe dein liebliches Auge, damit du mit dem geistigen Auge zuerst sehest dein Bild. Dann fördere zu Tage, was du im Dunkel gesehen, daß er zurückwirke auf Andere, von Außen nach Innen.“

*

Wie für Runge, so wurde auch für Friedrich Goethes stilles sicheres Wirken bedeutungsvoll. Für das Jahr 1802 waren zum ersten Male auch die Landschaftsmaler zur Beteiligung an den jährlichen Preiskonkurrenzen und Ausstellungen nach Weimar geladen. Im Jahre 1805 wird ein Gemälde Friedrichs preisgekrönt und Runge berichtet in die Heimat, daß Goethe selbst zwei Landschaftszeichnungen des Freundes gekauft habe. Auch in den Jahren 1808 und 1812 hat Friedrich sich an den Weimarer Ausstellungen beteiligt. Schon 1810, in Runges Todesjahr, hatte er Goethe in Dresden persönlich kennen gelernt.

Wichtiger aber als diese kargen Daten, wichtiger auch als die doch nur spärlichen Notizen, die sich in den Ausstellungsberichten, in einem Briefe Goethes an Heinrich Meyer und in einer flüchtigen Nennung des Namens in Goethes Gesprächen mit dem Kanzler von Müller finden, ist ein Brief Goethes, der lange verschollen erst im letztverflossenen Jahre aus einer Dresdener Autographensammlung wieder ans Licht gekommen ist. Dieser Brief vom 10. Juli 1816 aus Weimar an die Malerin Louise Seidler gerichtet (an das junge Mädchen also, das Georg Friedrich Kersting einmal als Stickerin am blumenbestellten Fenster, dann vor dem Spiegel das Haar flechtend so anmutig porträtiert hat), gibt Aufschluß über Beziehungen zwischen Friedrich und Goethe in einem Punkte, der von besonderer Bedeutung ist.

„Soeben, heißt es dort, zum Schluß, fällt mir ein, ob Sie Sich wohl bey Herrn Friedrich erkundigen wollen nach Wolkenstudien und deren verschiedenen Formen. Wollte er solche mitteilen, so würden sie mir zu wissenschaftl. Gebrauche nützlich seyn. Wollte er Gilberts Annalen nachschlagen, Jahrg. 1815, 9. und 10. Stück, so würde er die interessante Art und Weise sehen, wie ein Engländer diese Luft-Meteore

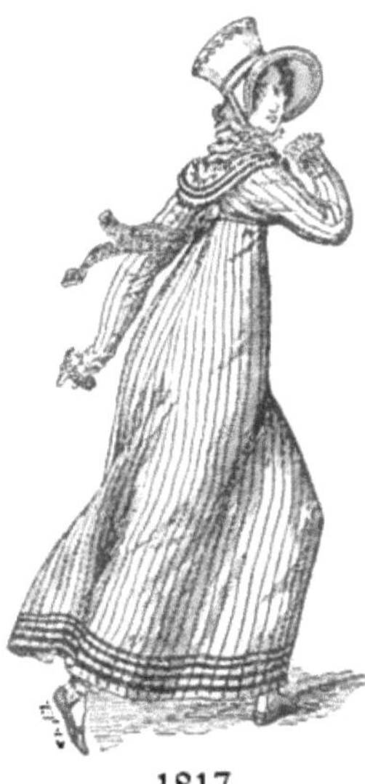

1817

classifiziert hat. Empfehlen Sie mich ihm schönstens . . ." Mit Runge führte Goethe das Problem der Farbenerscheinung zusammen, mit Friedrich nun das Problem der wechselnden Wolkengestalt, das Goethe jahrelang aufs lebhafteste beschäftigt hat. Friedrich also gehörte zu den Künstlern, die Goethe berief, um die von ihm selbst entworfenen Wolkenstudien zu ergänzen, die er in einer „Reihe von charakteristisch befriedigenden Abbildungen" veröffentlichen wollte (Luke Howard to Goethe. A biographical sketch). Dazu kam es nicht, ein kleines Bildchen aber, das die Hamburger Kunsthalle bewahrt, vermag uns einen Begriff von dem zu vermitteln, was Goethe von Friedrich erbeten hatte, ein Bildchen, dessen eigentlicher Gegenstand aufgelöst über Gebirgshöhen zerflatternde weiße Wolken sind.

Schon in Goethes „Annalen" zu 1815 heißt es „Über meiner ganzen naturhistorischen Beschäftigung schwebte die Howardsche Wolkenlehre" und im Jahre 1820 erschien dann unter dem befremdlich kurzen Titel „Wolkengestalt nach Howard" im 3. Heft des 1. Bandes „Zur Naturwissenschaft" ein kleines Schriftchen, von dem nur das abschließend - zusammenfassende Gedicht „Howards Ehrengedächtnis" heute noch allgemein bekannt ist. Nur wie die Personentafel zu den folgenden Schauspielen erscheint der terminologische Eingang zu den in Form von Tagebuchaufzeichnungen vorgetragenen Wolkenstudien, deren Einzigkeit in dem Reichtum an Schilderungen atmosphärischer Zustände und Ereignisse liegt, geschrieben mit der klaren Sinnlichkeit der spätgoethischen Wortkunst, die aus schlichter Abschilderung des Wirklichen unvermerkt großartige Naturgemälde formt, mit einem Nichts von Mitteln Ausblicke öffnet in das Leben und Atmen der Natur. Aus jedem Satz strömt atmosphärisch reine Himmelsluft.

Nur aus solchen naturwissenschaftlichen Studien sind Goethes letzte Absichten der bildenden Kunst gegenüber zu verstehen — durch diese Studien hat er auf Runge und Friedrich gewirkt; nicht seine ästhetisch formulierten Forderungen, sondern seine eigene künstlerische Naturbetrachtung hat befruchtenden Einfluß auf die damalige Kunst, auf die künstlerische Darstellung der Natur in der neuen Landschaftsmalerei gewonnen. Denn Goethe, dessen wissenschaftliches Bestreben sich immer irgendwie auf die sichtbaren Erscheinungen der Natur, das eigenste Feld der bildenden Kunst, bezog, hörte auch als Naturforscher nicht auf, Künstler zu sein, von einfachen Beobachtungsreihen ausgehend strebte er überall allgemeinen Begriffen und „sodann in aufsteigender Linie der Idee", d. h. der Erkenntnis der letzten Naturgesetzlichkeit zu. Und eben das war es, was die neue Landschaftskunst immer entschiedener selbst zu bildlichem Ausdruck bringen sollte.

∗

Bei Runge hatte sich die Frage nach Möglichkeit und Art einer neuen Landschaftskunst schließlich in dem größeren spekulativen Problem, das die Farbe als Erscheinung stellt, und in praktischen Untersuchungen über das Verhältnis der Malerfarben (der Pigmente) zu den Farben der Natur aufgelöst, ohne daß er in alle dem noch zu festen Schlüssen gekommen wäre. Friedrich hielt sich in beschränkterem Kreise, und hat darin schließlich denn doch mehr erreicht. Er, der den jüngeren leidenschaftlicheren, weiter schweifenden Freund um volle dreißig Jahre überleben durfte, konnte schon fortbauen auf dem, was jener geschaffen hatte, ihm stand zu dem ein einsichtig ruhiger Freund, wo er dessen bedurfte, mit tüchtigem Rat zur Seite: Karl Gustav Carus, der Naturforscher und Leibarzt der sächsischen Könige, der Goethes Freundeskreise angehörend selbst als Landschaftsmaler dilettierte: drei Gemälde seiner Hand hängen heute noch im Goethehause in Weimar. Carus hat am entschiedensten das als Aufgabe der neuen Zeit bezeichnet, was sich schon in Runges letzten Bestrebungen ankündigt: „durch Kunst zur Wissenschaft geführt zu werden und aus der Wissenschaft höhere Kunstleistungen wieder sich entwickeln zu lassen."

Seine zum Beginn des Jahres 1831 herausgegebene Schrift: „Neun Briefe über Landschaftsmalerei, geschrieben in den Jahren 1815—1824" führt Runges Gedanken der neuen Kunst weiter fort; aus diesen Briefen lernen wir die Bestrebungen kennen, die sich damals in Friedrichs nächster Nähe, in seiner Gegenwart regten, sie sind uns ein erwünschter Kommentar zu seiner Malerei. Goethe hat die Veröffentlichung der anfangs nur handschriftlich mitgeteilten Aufsätze ausdrücklich angeraten;

die Briefe sind in seinem Geiste geschrieben, sie geben die Anwendung seiner Naturanschauung auf die Landschaftskunst.

Vieles von dem, was Runge wenige Lustren vorher prophetisch verheißen hatte, wird nun schon als beinahe fester Besitz mit Ruhe vorgetragen. Wo Runge noch nach Worten suchte, stellen sich nun schon klare Begriffe ein: so schnell gewinnt ein zukunftsreicher Gedanke Raum in dem Bewußtsein der Menschen.

Ganz in Runges Sinne, nur eindeutiger noch und entschiedener wird nach kurzem vorbereitendem Eingang im dritten Brief die Hauptaufgabe landschaftlicher Kunst ausgesprochen als „die Darstellung einer gewissen Stimmung des Gemütslebens durch die Nachbildung einer entsprechenden Stimmung des Naturlebens." Und

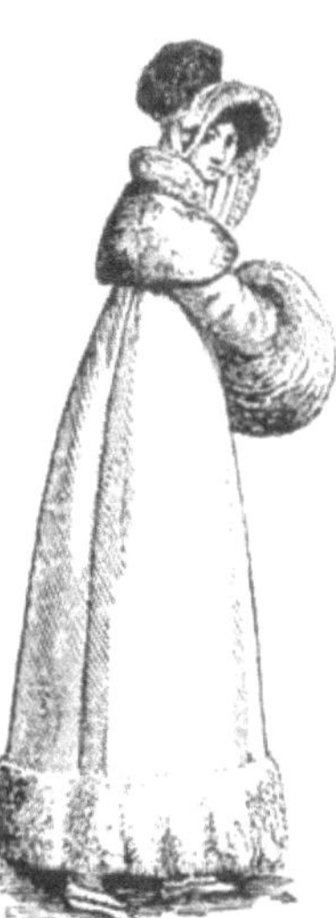

1817

wieder wie bei Runge führt die Untersuchung weiter auf die große Analogie des menschlichen Gemütslebens mit dem rythmischen Entstehen, Dasein, Welken und Vergehen, wie es die Jahres- und die Tageszeiten darstellen. Dann aber, wo Runge ganz dem Einzelnen und Mystischen sich zuwandte, wo er meinte, in romantischer Weise Pflanzen und Blumen mit wirklichen Kinderfiguren beseelen zu müssen, um den symbolischen Sinn seiner Blumen- und Farbenornamentik einleuchtend zu machen, trennen sich die Wege. Von Hieroglyphe und Arabeske ist jetzt nicht mehr die Rede, immer bleibt der Blick auf das Ganze der Natur gerichtet, das es mit treuem Sinn nachzubilden gilt. Friedrich hat zu Beginn der zwanziger Jahre — also eben damals als Carus Briefe geschrieben wurden — eine Folge der Tageszeiten gemalt, aber nicht wie Runge als symbolisch-ornamentale Kompositionen, sondern als vier ganz einfache Landschaftsbilder gleichen Formates in den verschiedenen Tönen der wechselnden Tagesstunden. Ein gedrängter dunkler Tannenbestand in aufdampfendem Frühnebel; eine vereinzelte Baumgruppe auf freiem Blachfeld, wo graulicher Dunst über den Wiesen liegt; von Hecken durchschnittene Felder am Wald- und Buschrand vor wolkenlosem Nachmittagshimmel; eine braunrot und grüne Waldlichtung, wo durch nackte grade Stämme das Rosa und Orange des oben bewölkten Abendhimmels sieht; das sind seine „Tageszeiten". Gewiß zeigt sich in alle dem ein Fortschritt der Zeit: die Epoche der überall, auch in der Poesie rein ornamentaler Form zustrebenden Blütezeit der Romantik war abgelaufen. Die aufsteigenden Probleme werden nun objektiver und schärfer angefaßt, der wissenschaftliche Versuch wird auch auf Dinge der Kunst angewendet. Das Betrachten der freien Natur durch verschieden gefärbte Gläser muß Aufschluß über die verschiedenen Stimmungswerte der Farben geben: es wird, sagt Carus „z. B. eine und dieselbe Gegend eine ganz andere Stimmung ansprechen, einen andern Charakter darstellen, wenn sie in anmutiges Grün, oder wenn sie in totes Gelb, Braun oder Grau gekleidet ist." Ganz vorzüglich aber, heißt es in Verfolgung dieses Gedankens weiter, muß bemerkt werden, daß unter den Vorstellungen landschaftlicher Natur vorzüglich diejenigen den Regungen des Gemüts entsprechen, welche auf die Art der Witterung sich beziehen; ja man könnte wohl sagen, daß der Wechsel verschiedener Stimmungen der Atmosphäre (des Wetters) sich genau so für das Naturleben zeige, wie der Wechsel verschiedener Stimmungen des Gemütes für das Seelenleben." Auch das schlechte Wetter also, Regen- und Nebelstunden werden damit ausdrücklich künstlerischer Darstellung für würdig erklärt, nicht mehr nur, wenn sie in den Festfarben des Sonnen-Auf- und Unterganges prangt oder unter dem ausgegossenen Licht der mondbeglänzten Zaubernacht ruht, in ihrer ganzen Alltäglichkeit wird die Natur menschlich empfunden. „Nach dem Sinne des Lebens, welches sich ihnen offenbart" wirken auch alle einzelnen landschaftlichen Gegenstände auf das Gemüt, und nach diesem Sinne hat der Künstler sie im Bilde zu verwerten: „Der Himmel . . in voller Klarheit, als Inbegriff von Luft und Licht, ist das eigentliche Bild der Unendlichkeit; und wie schon bemerkt wurde, daß das Gefühl in der Richtung auf das Unendliche seinem Wesen nach begründet sei, so deutet nun auch dieses Abbild die Stimmung eines von ihm überwölbten landschaftlichen Ganzen tief und mächtig an, ja macht sich zum unerläßlichsten und herrlichsten Teil der Landschaft überhaupt. Wie daher durch Wolken, ja selbst durch hochaufgetürmte andere Gegenstände das Anschauen dieser Unendlichkeit mehr und mehr eingeengt und endlich gänzlich verhüllt wird, so regt das auch im Gemüt mehr und mehr eine beklommene Stimmung an, wenn dagegen das Übergehen dieses Wolkenschleiers in lichte Silberwölkchen, das Zerteilen desselben durch des aufgehenden Mondes oder der Sonne ruhige Klarheit, die innere Trübheit verlöscht und zum Gedanken des Sieges eines Unendlichen über ein Endliches uns erhebt." Diese selbständige Stimmung der Natur ist das Wesentliche, sie kann freilich durch allerlei Art von Staffage verstärkt und geklärt werden, „immer aber wird die Landschaft das belebte Geschöpf bestimmen, es wird aus ihr selbst notwendig hervorgehen und zu ihr gehören müssen, solange die Landschaft Landschaft bleiben will und soll."

Alles das finden wir wieder in Friedrichs Gemälden: der Mönch am einsamen Dünenstrand des dunkeln Meeres, die junge Frau, die mit ausgebreiteten Armen der aufgehenden Morgenröte des Himmels entgegengeht, die beiden Männer, die den in rötlichem Dunst gespenstisch scheinenden Mond betrachten, sie sind nur die letzten Exponenten der landschaftlichen Natur-

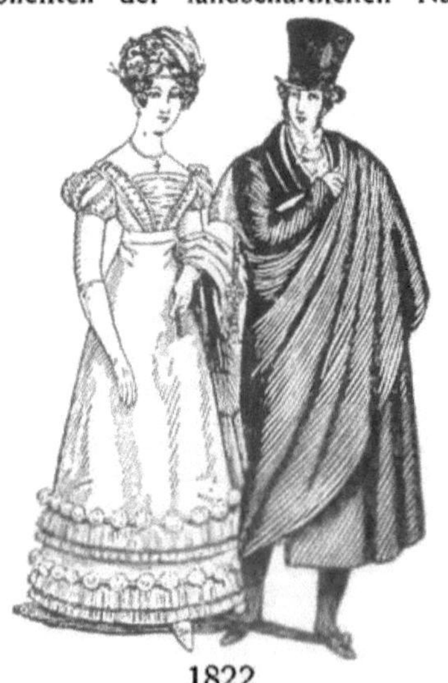

1822

stimmung, und wenn Friedrich von den beiden Männern auf dem letztgenannten Bilde selbst sagte „die machen demagogische Umtriebe", so war das nur sarkastischer Spott über das Publikum, das sich auch in der Landschaftskunst nicht mit der klar ausgesprochenen Naturstimmung begnügen wollte, sondern auch da überall nach einer interessanten Historie, nach irgend einem anekdotischen Bezuge suchte.

✳

Nach vieljähriger Abwesenheit war Alexander von Humboldt von seinen Forschungsreisen durch das tropische Amerika nach Berlin zurückgekehrt. Das erste, was er „aus der Fülle der eroberten Schätze" mitteilte, war eine kleine Schrift, betitelt Ideen zu einer Physiognomik der Gewächse, „in einem kleinen Gefäß sehr köstliche Früchte", wie Goethe in seiner Anzeige des Aufsatzes sagte, der, zuerst 1806 in der Jenaischen allgemeinen Literaturzeitung gedruckt, später den Ansichten der Natur eingereiht wurde. „So wie man (heißt es da) an einzelnen organischen Wesen eine bestimmte Physiognomie erkennt; wie beschreibende Botanik und Zoologie, im engeren Sinne des Wortes, Zergliederung der Tier- und Pflanzenformen sind, so gibt es auch eine Naturphysiognomie, welche jedem Himmelsstriche ausschließlich zukommt. Was der Maler mit den Ausdrücken: schweizer Natur, italienischer Himmel bezeichnet, gründet sich auf das dunkle Gefühl dieses lokalen Naturcharakters. Luftbläue, Beleuchtung, Duft, der auf der Ferne ruht, Gestalt der Tiere, Saftfülle der Kräuter, Glanz des Laubes, Umriß der Berge: alle diese Elemente bestimmen den Totaleindruck einer Gegend . . . So wie die oryctognostische Kenntnis der Gesteinsarten sich von der Gebirgslehre unterscheidet, so ist von der individuellen Naturbeschreibung die allgemeine, oder die Physiognomik der Natur, verschieden."

Hier sind schon alle die Gedanken berührt, die vierzig Jahre später im zweiten Bande von Humboldts Kosmos, da, wo von der Landschaftsmalerei als Erregerin der Liebe zum Naturstudium die Rede ist, abgerundet, doch mit Übernahme ganzer Satzgefüge aus der früheren Schrift zusammengefaßt sind, die Gedanken, von denen Goethe bei ihrem ersten Hervortreten sagte, vorauseilend sei in ihnen angedeutet

XII

„wie das einzelne Erkannte, Eingesehene,
Angeschaute in völliger Pracht und Fülle
dem Gemüt zugeeignet, und wie der lange
geschichtete und rauchende Holzstoß
(naturgeschichtlicher Einzelerkenntnisse)
durch einen ästhetischen Hauch zur lichten
Flamme belebt werden könne."

Carus' sechzehn Jahre vor dem zweiten
Band des Kosmos erschienenen Briefe
über Landschaftsmalerei sind auf die ab-
schließende Gestaltung des Kosmoskapi-
tels augenscheinlich nicht ohne Einfluß
geblieben, wie die Vollendung der Briefe
selbst wiederum — denen übrigens, was
sicher auf Humboldt zurückweist, ein
besonderer Aufsatz „Andeutungen zu einer
Physiognomik der Gebirge" angehängt
ist — dem unmittelbaren Eindruck der
Goethischen Studie über die Wolkenformen,
von der schon die Rede war, zu danken ist.

Es ist gut, Carus Briefe in solchen
größeren Zusammenhang zu rücken, sie
werden damit zum Ausdruck einer über
die persönlichen Wünsche und Ansichten
ihres Verfassers hinausgehenden allgemei-
neren Tendenz: aus umfassender Natur-
einsicht soll die neue klassische Landschaftskunst erwachsen, klassisch in Goethes Sinne, den Carus selbst aufs deut-
lichste bezeichnet hat: „Sowie wir dem
Menschen eine vollkommene Heiligkeit und
Fehlerfreiheit im Ganzen nie ansinnen dürfen, wohl aber von ihm fordern müssen,
daß, wenn es die Entscheidung gilt, er
sich zusammennehme, und rein tugendhaft,
ganz dem göttlichen Willen gemäß handle,
so ist es auch die Forderung, daß für
die hohen Zwecke von Kunst und Wissenschaft der Mensch sich frei mache von
dem, was an ihm blos zufällig und nicht
rein menschlich, was blos seine Meinung,
seine Neigung ist; und das ist dann eben
in Kunst und Wissenschaft das vollen-
dete, das Classische, wo man nicht mehr
die oder jene menschliche Ansicht, sondern nur das rein menschliche an sich als
das herrschende erkennt."

*

Das 18. Jahrhundert hatte wohl die
„heroische" und „landmäßige" Land-
schaftsdarstellung unterschieden, aber über
Äußerlichkeiten war man dabei kaum hin-
ausgekommen, obgleich sich Christian
Ludwig von Hagedorn in seinen Be-
trachtungen über die Malerei (1762)
doch schon dagegen sträubt, die Un-

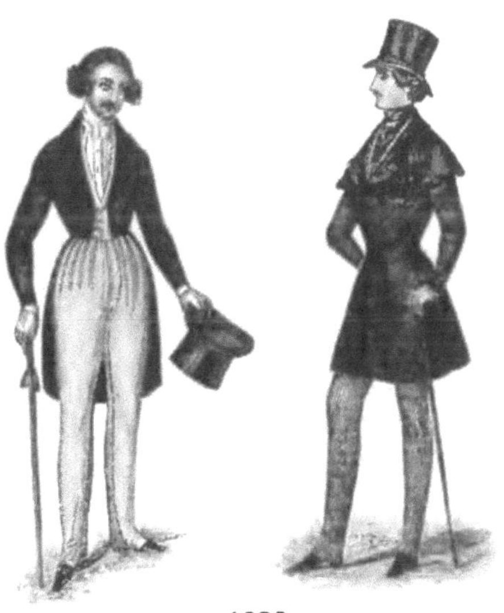

1838

terscheidung allein nach der geschicht-
lichen oder ländlichen Staffage gelten zu
lassen. Was Carus will, ist jedenfalls etwas ganz anderes, es tritt ihm selbst als
etwas so neues ins Bewußtsein, daß ihm
die Bezeichnung „Landschaft" nun überhaupt nicht mehr genügt — so schnell ver-
fällt ein Begriff der Trivialität —, daß er
nach einem neuen Worte sucht, um besser
auszudrücken, was er sagen will: „Erd-
lebenbilder" soll die neue Kunst hervor-
bringen, „Erdlebenbildkunst" soll sie sein:
das seltsame Wort enthält ein Programm.

„Wenn die ältesten naiven Landschaftsmaler (heißt es im 6. der Briefe, der unter
dem unmittelbaren Eindruck des Goethischen Aufsatzes über die Wolkengestalt,
also wohl noch im Jahre 1822 geschrieben
ist) entweder an die täglich uns umge-
bende Natur unbedingt sich hielten und
eben durch ihr treues Anschließen an diese
ihre Umgebung unbewußt manches Be-
deutungsvolle darbildeten, oder durch Beziehung auf Geschichte und Mythe des
Menschen ihren Bildern höheres Interesse
verleihen wollten, so würde dem Maler,
dem die Erkenntnis des Naturlebens aufgegangen wäre, der reinste und erhabenste Stoff von allen Seiten zufließen.
Wie redend und mächtig spricht nicht die
Geschichte der Gebirge zu uns, wie erhaben
stellt sie nicht den Menschen unmittelbar

XIII

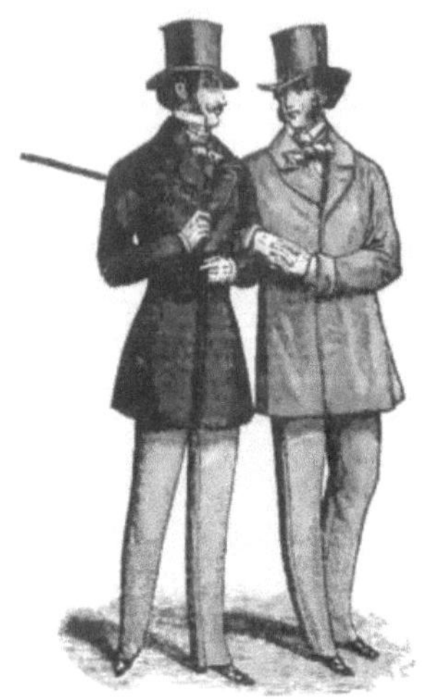

1850

als Göttliches in Beziehung zu Gott, indem sie jede vergängliche Eitelkeit seines irdischen Daseins gleichsam mit einemmale vernichtet, und wie deutlich spricht sich diese Geschichte in gewissen Lagerungen und Bergformen aus, daß selbst dem Nichtswissenden dadurch die Ahnung einer solchen Geschichte aufgehen muß, und steht es nun dem Künstler nicht frei, solche Punkte hervorzuheben und im höheren Sinne historische Landschaften zu geben? — Wie bedeutungsvoll ist nicht die Art der Vegetation für den Charakter der Gegend; und die Geschichte der großen Formationen der Pflanzenwelt uns im schönen und sinnigen Gewand vorzuführen, wäre sicher eine edle Aufgabe der Kunst; denn es gibt ein geheimes Verhältnis unter diesen stillen Geschöpfen, und ein reiches poetisches Leben verbirgt sich in ihren Blättern und Blüten. — Wie unendlich mannigfaltig und zart sind nicht endlich die atmosphärischen Erscheinungen! — Alles, was in des Menschen Brust wiederklingt, ein Erhellen und Verfinstern, ein Entwickeln und Auflösen, ein Bilden und Zerstören, alles schwebt in den zarten Gebilden der Wolkenregionen vor unsern Sinnen; und auf die rechte Weise aufgefaßt, durch den Kunstgenius vergeistiget, erregt es wunderbar selbst das Gemüt, an welchem diese Erscheinungen in der Wirklichkeit unbemerkt vorübergleiten." Humboldts und Goethes Einwirkung ist in jedem dieser Worte zu spüren, die jede Einseitigkeit und Übertreibung vermeiden. Nicht auf „gigantische Szenen im größten Format" — wie man glauben, fürchten könnte — wird die neue Kunst verwiesen. Zwar meint Carus, dort, in Gemälden, wie Alexander von Humboldt selbst sie in den „Ansichten der Natur" von den Steppen und Wüsten, von den Wasserfällen des Orinoco, von dem Hochland von Camaxara in Mexiko entworfen hatte, „das Erhabenste der Erdlebenbildkunst" zu finden — aber „jede, auch die stillste und einfachste Seite des Erdlebens, wenn nur ihr eigentlicher Sinn, die in ihr verborgene göttliche Idee richtig erfaßt ist, (ist) ein würdiger und schöner Gegenstand der Kunst . . . . der stillste Waldwinkel mit seiner mannigfach treibenden Vegetation, der einfachste Rasenhügel mit seinen zierlichen Pflanzen, vor bläulicher Ferne mit duftig blauem Himmel umwölbt, wird das schönste Erdlebenbild gewähren können, welches, sei es nun in kleinem oder großem Raume ausgeführt, wenn nur mit Seele erfaßt, nichts zu wünschen übrig lassen wird."

*

So entwickelte sich in kurzer Zeit unter dem Einfluß der gleichzeitig erweiterten und vertieften Naturwissenschaft der Epoche aus der romantischen Theorie der reinen Stimmungslandschaft die neuklassische Theorie einer in höherem Sinne historischen Landschaftskunst. Sonderbar nur, daß Carus, wenn er nun auf die Landschaftsmaler seiner Zeit zu sprechen kommt, mit keinem Worte Friedrichs gedenkt, daß er überhaupt erst von der Zukunft erhofft, was doch in Friedrichs Landschaften zu einem guten Teile wenigstens schon Wirklichkeit geworden war.

Die Zeitfolge von Friedrichs Gemälden ist trotz der mancherlei Klärung, die die deutsche Jahrhundertausstellung vom Jahre 1906 gebracht hat, im einzelnen noch nicht untersucht und begründet, alles ist hier erst von einer umfassenden Darstellung zu hoffen, die wir seit langem erwarten — schon heute aber kann im allgemeinen ausgesprochen werden, daß Friedrichs Entwicklung sich in großem Zuge in der von Carus angegebenen Richtung bewegt hat: von der romantischen Stimmungslandschaft zum „Erdlebenbilde" — wenn es erlaubt ist, das damals geprägte Wort zu gebrauchen. Die Waldlichtung mit romantischer Ruine,

das Kreuz im Gebirge, der Mönch am Meer,
das Kreuz auf der Felsspitze (1810 oder
1811 entstanden), sind alle durch das gegenständliche Motiv pointierte Stimmungsland-
schaften, sie gehören alle noch in das erste
Jahrzehnt des Jahrhunderts. In den späteren Gemälden wird diese begrenztere
Mystik abgelöst von der neuen Mystik,
„welche ewig ist, wie die Natur selbst, weil
sie nur Natur ‚die am lichten Tag geheim-
nisvolle‘ ist“, und endlich in den zwanziger
und dreißiger Jahren gelingen dann die
großen Gebirgslandschaften aus dem Harz
und dem Riesengebirge, die Meeresschil-
derungen vom Strand der Ostsee und
wieder auch die kleinen Ausschnitte aus
der Natur — der Sturzacker, die treibenden
Wolken (in Hamburg) — die wirklich in
weitem Umfange dem entsprechen, was
Carus von der Kunst der Zukunft forderte,
gefordert hatte.

*

„Mit eigenen Augen sollst du sehen,
und wie dir die Gegenstände erscheinen,
sie treulich wiedergeben; wie alles auf
dich wirkt, so gieb es im Bilde wieder!“ —
..Der Maler soll nicht bloß malen, was er
vor sich sieht, sondern was er in sich sieht.
Sieht er aber nichts in sich, so unterlasse
er auch zu malen, was er vor sich sieht.
Sonst werden seine Bilder den spanischen
Wänden gleichen, hinter denen man nur
Kranke oder gar Tote erwartet. Dieser
Herr N. N. hat nichts gesehen, was nicht
jeder andere auch sieht, der nicht gerade
zu blind ist, und vom Künstler verlangt
man doch, daß er mehr sehen soll.“ Zwei
aphoristische Äußerungen Friedrichs über
seine Kunst, deren scheinbarer Widerspruch in seinen Werken gelöst ist. Seine
Kunst kennt keine „Nebensachen“, die eine
flüchtige Mache erlaubten, mit altmeister-
licher Gewissenhaftigkeit gibt er — der
auf seinen Naturstudien nicht versäumte,
Tag und Stunde anzumerken — jedem Ding
sein Recht. Aber nie leidet der große Auf-
bau der Bildkonstruktion unter dieser im
Kleinen getreuen Sorgfalt: Friedrich ist der
erste gewesen, der die großartige Schwer-
mut des deutschen Meeres darzustellen gewußt hat und ihm verdanken wir die ersten
Darstellungen der deutschen Mittelgebirge,
deren prächtiger Wuchs, deren reiche Gliede-
rung seine — oft in engem Rahmen — großen
Gebirgspanoramen uns vor Augen stellen.

*

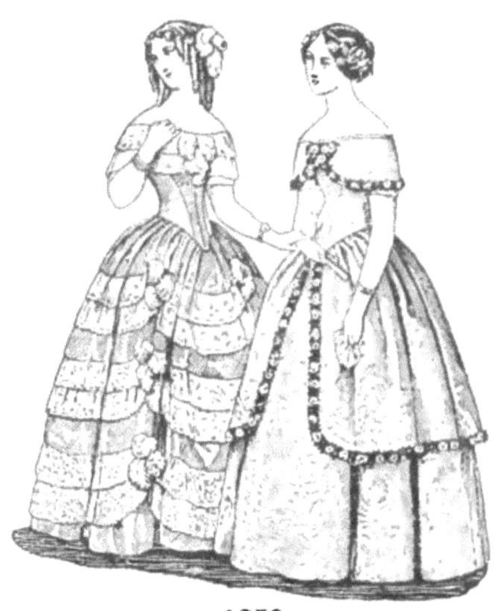

1850

Es ist allgemein bezeichnend für das
deutsche Kunstleben im 19. Jahrhundert, daß
es ihm an gesunder, Leben fortpflanzen-
der Tradition gebricht. Zahlreiche bedeu-
tende Kräfte waren während des ganzen
Jahrhunderts überall am Werke, aber ihre
Arbeit vollzog sich im Stillen, gerade die
künstlerisch bedeutendsten waren auf sich
allein angewiesen, während die leichteren
Talente, durch die akademische Strömung
getragen, oft zu schnellerer und breiterer
Anerkennung gelangten — um freilich nun
in strengem Ausgleich der gründlichen Ver-
gessenheit anheimzufallen, aus der die bis
dahin Verkannten heute wieder bedeutend
hervorzutreten beginnen.

Auch Caspar David Friedrich hat keine
unmittelbare Nachfolge gefunden. Er starb
im Jahre 1840 halb vergessen, unverstanden
in Dresden.

Ansätze zur Lösung ähnlicher Probleme,
wie er sie anstrebte, sind auch sonst schon
in der ersten Jahrhunderthälfte gemacht
worden: von Karl Blechen in Berlin, von
Ferdinand Waldmüller in Wien, von dem
Hamburger Friedrich Wasmann in Tirol,
von Jacob Gensler in Hamburg, doch
scheint es, daß Friedrich der bedeutendste
von ihnen gewesen ist: sicher ist er am
weitesten vorgedrungen. Er wird nicht
zum zweiten Male vergessen werden.

MAX SAUERLANDT.

XV

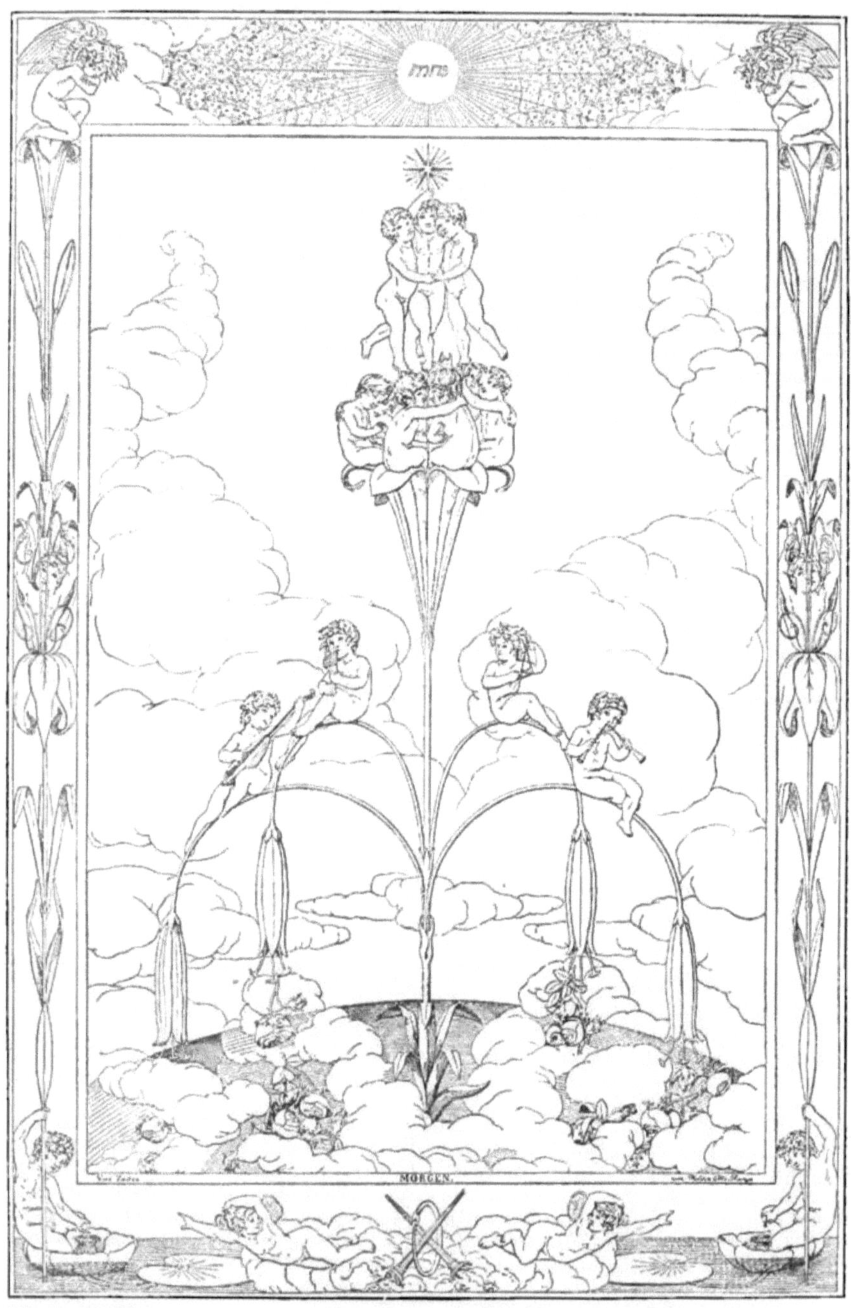

PH. O. RUNGE.   Stahlstich-Ausgabe der „Tageszeiten" I. Blatt: „Der Morgen".

XVI

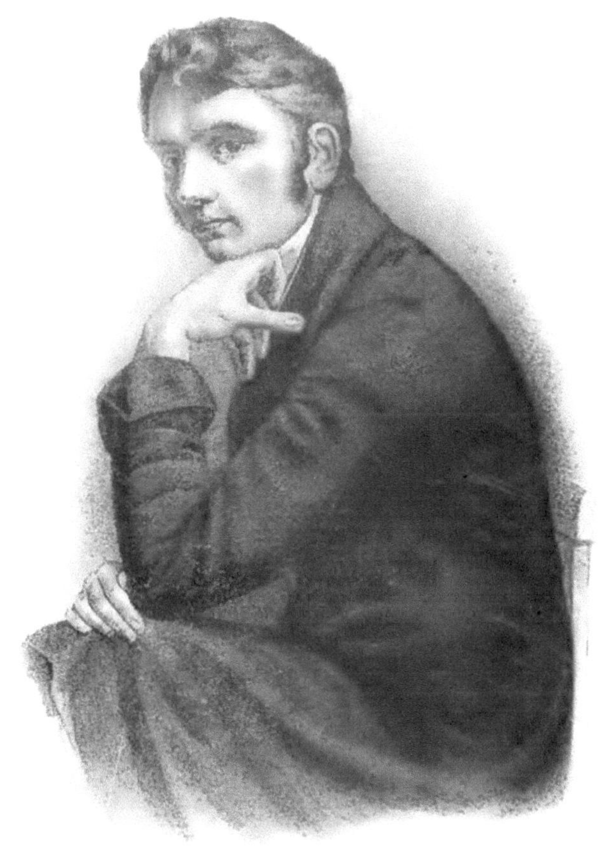

RUNGE. Selbstbildnis.

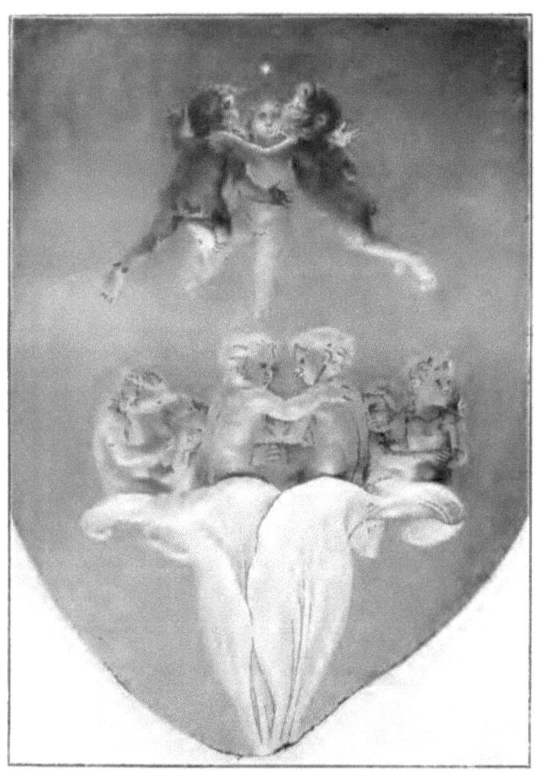

RUNGE. Fragment aus der zweiten Redaktion des „Morgens" (1808).

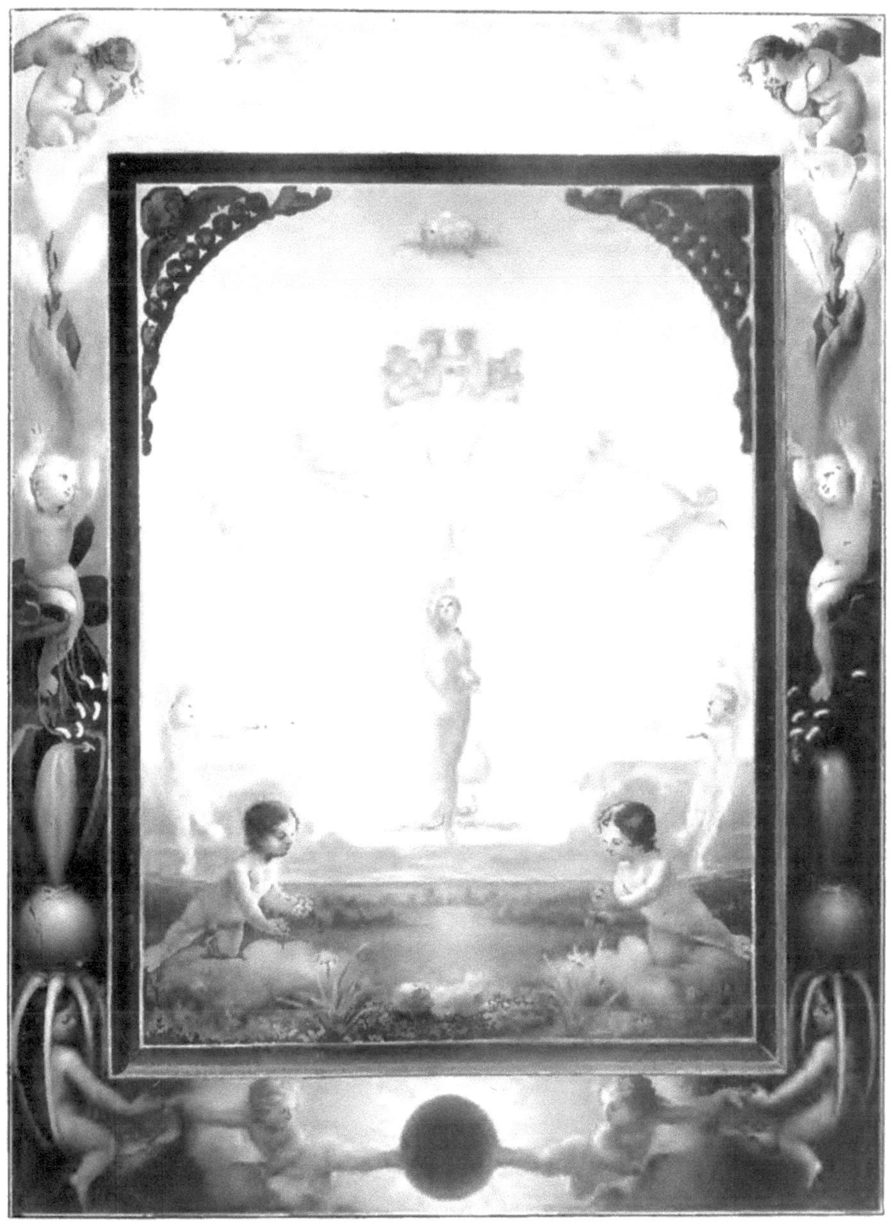

RUNGE.   Der Morgen (1805).

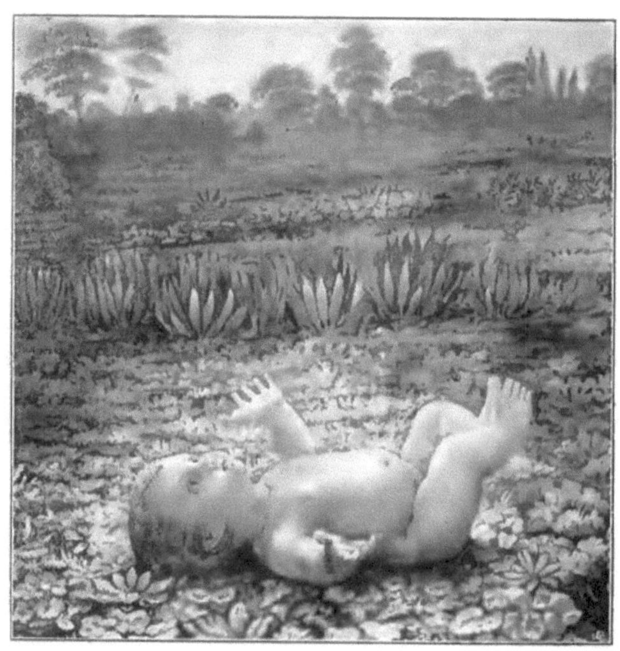

RUNGE.   Fragment aus der zweiten Redaktion des „Morgens" (1808).

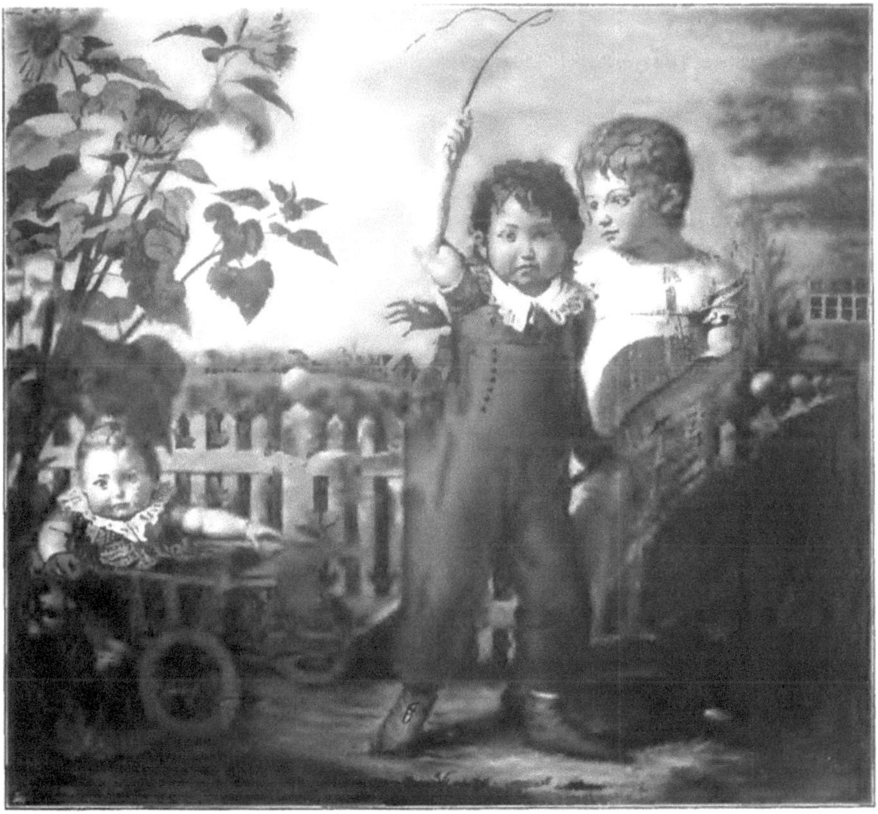

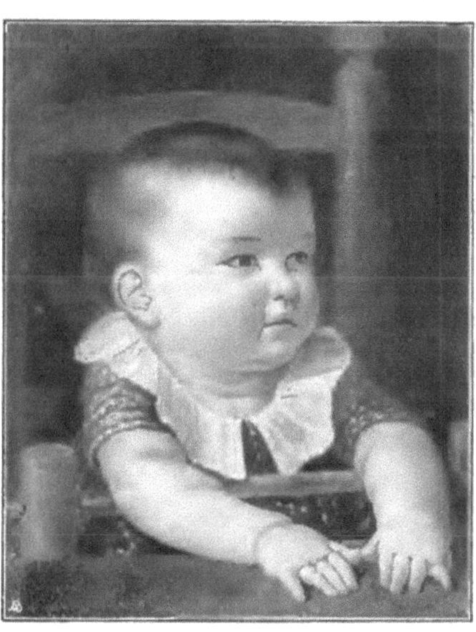

RUNGE.   Die Kinder Hülsenbeck (1805).

RUNGE.   Das Söhnchen des Künstlers (1805).

5

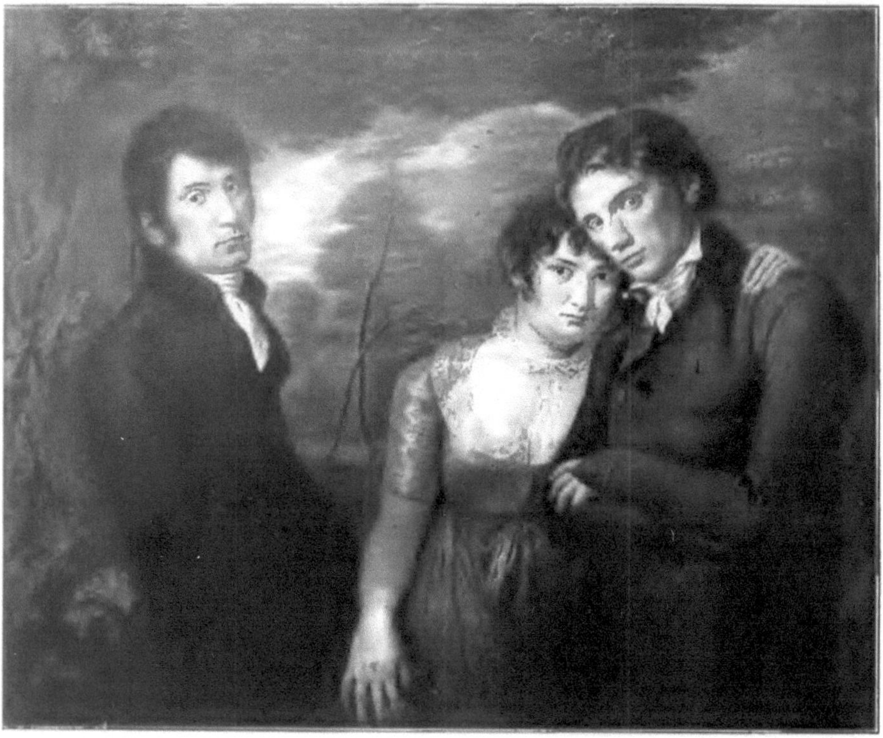

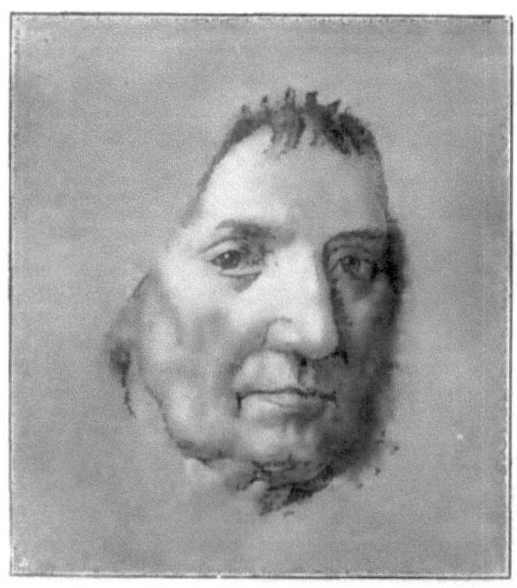

RUNGE.   Der Künstler, seine Frau und sein Bruder (1801).

RUNGE.   Studie zum Bildnis der Mutter (1806).

6

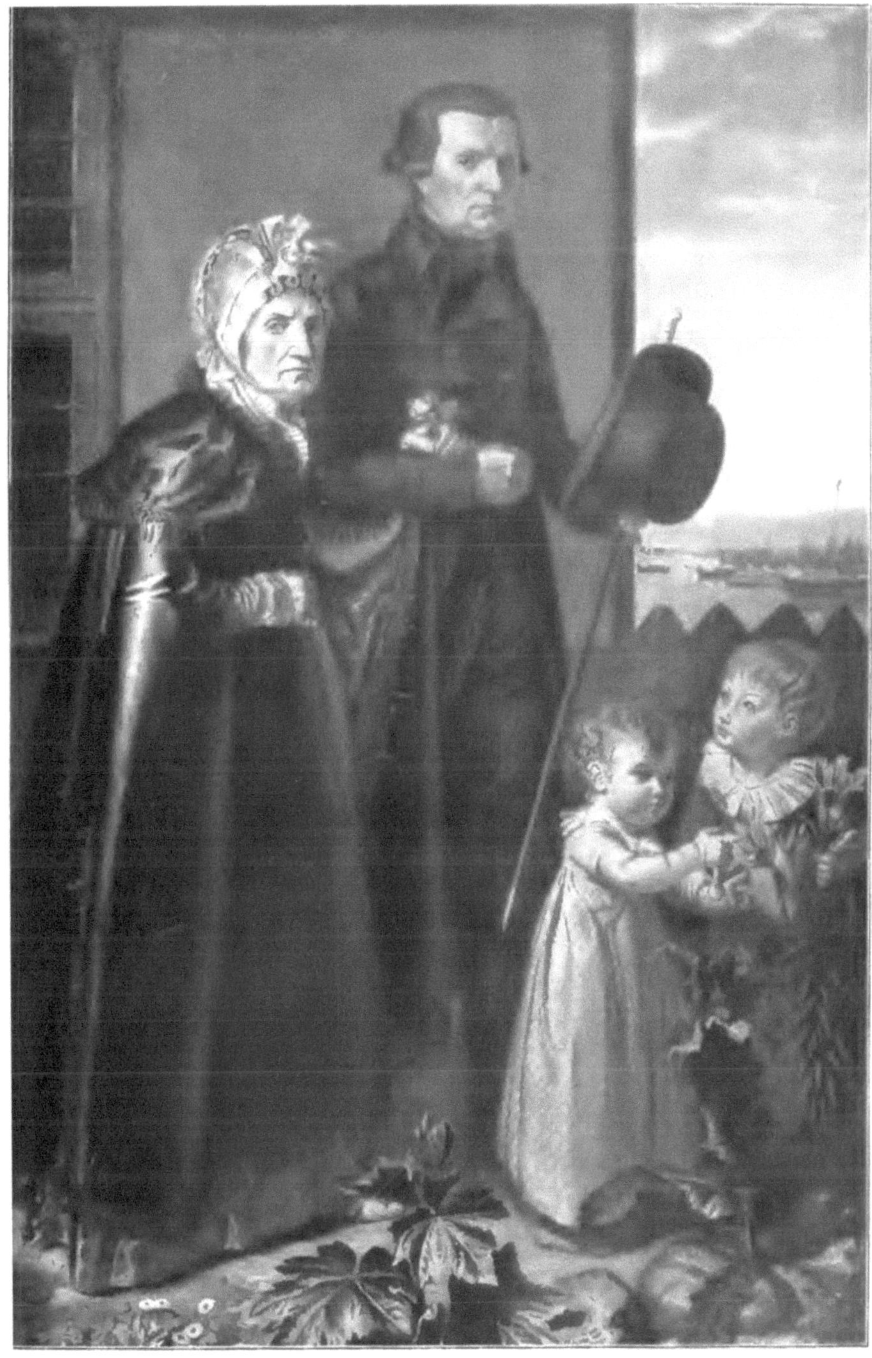

RUNGE.   Die Eltern des Künstlers (1806).

7

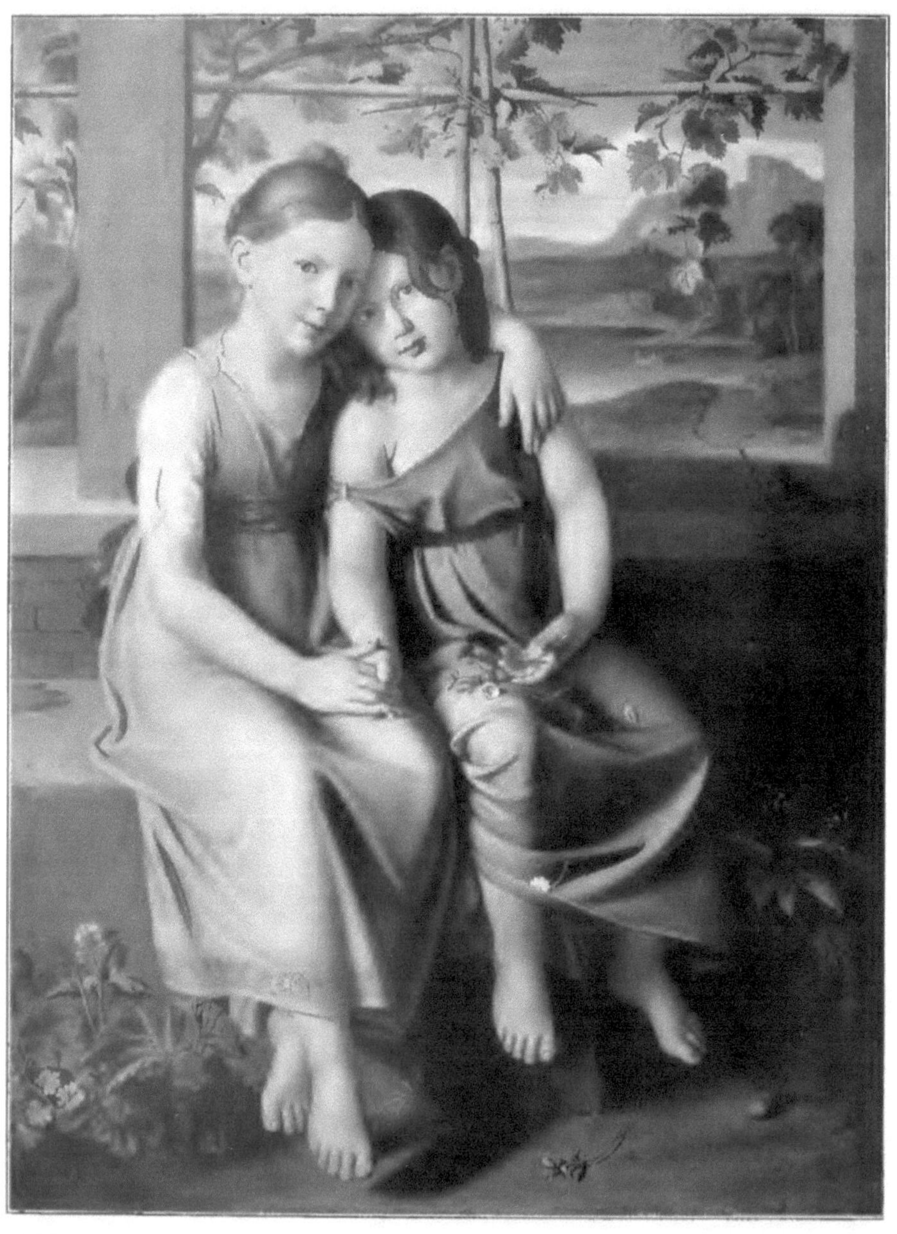

SCHICK.
Adelhaid und Gabriele von Humboldt (1809).

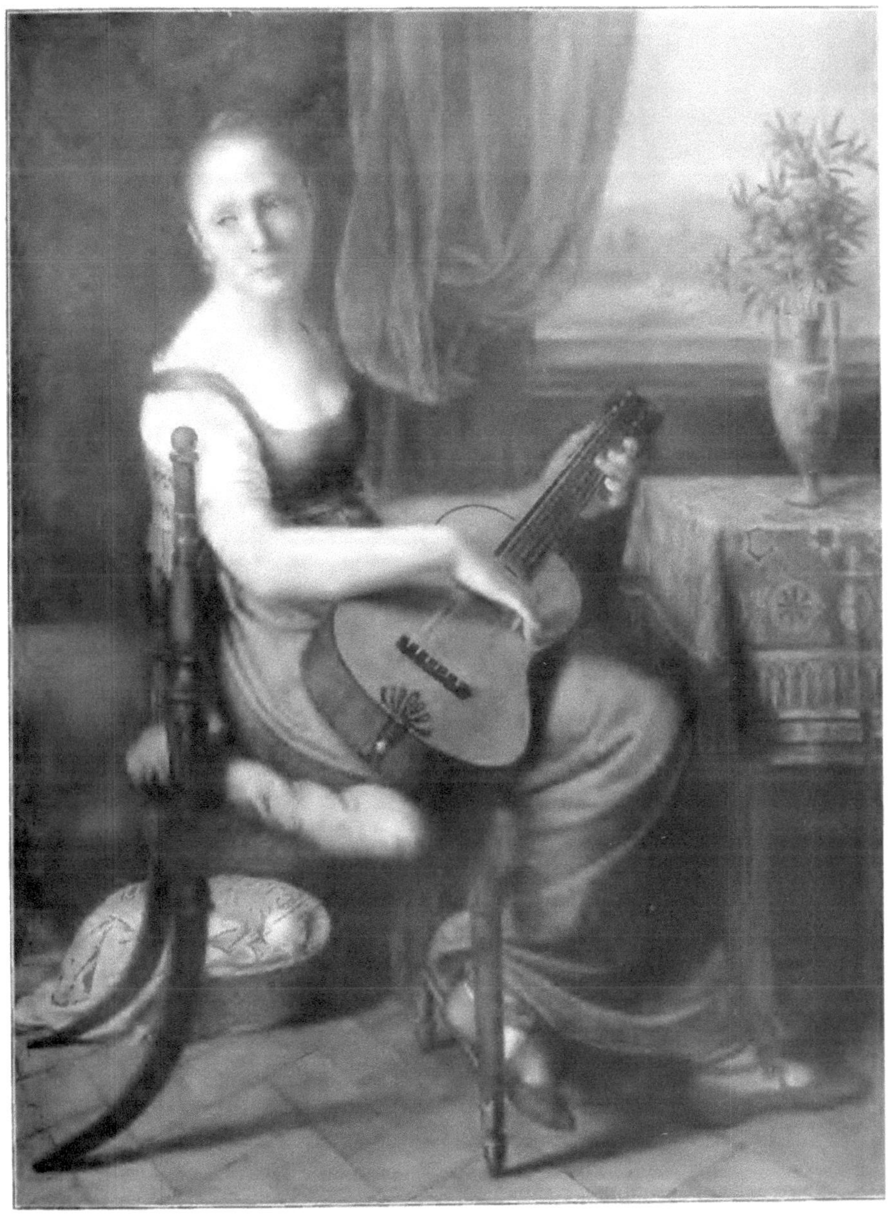

SCHICK.   Karoline von Humboldt (1800)

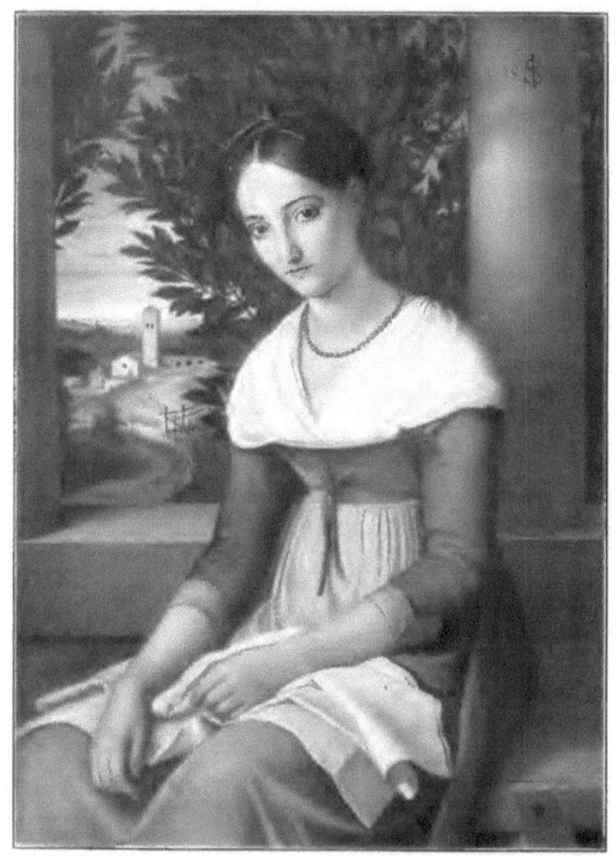

SCHNORR VON CAROLSFELD.   Vittoria Caldoni (1823).

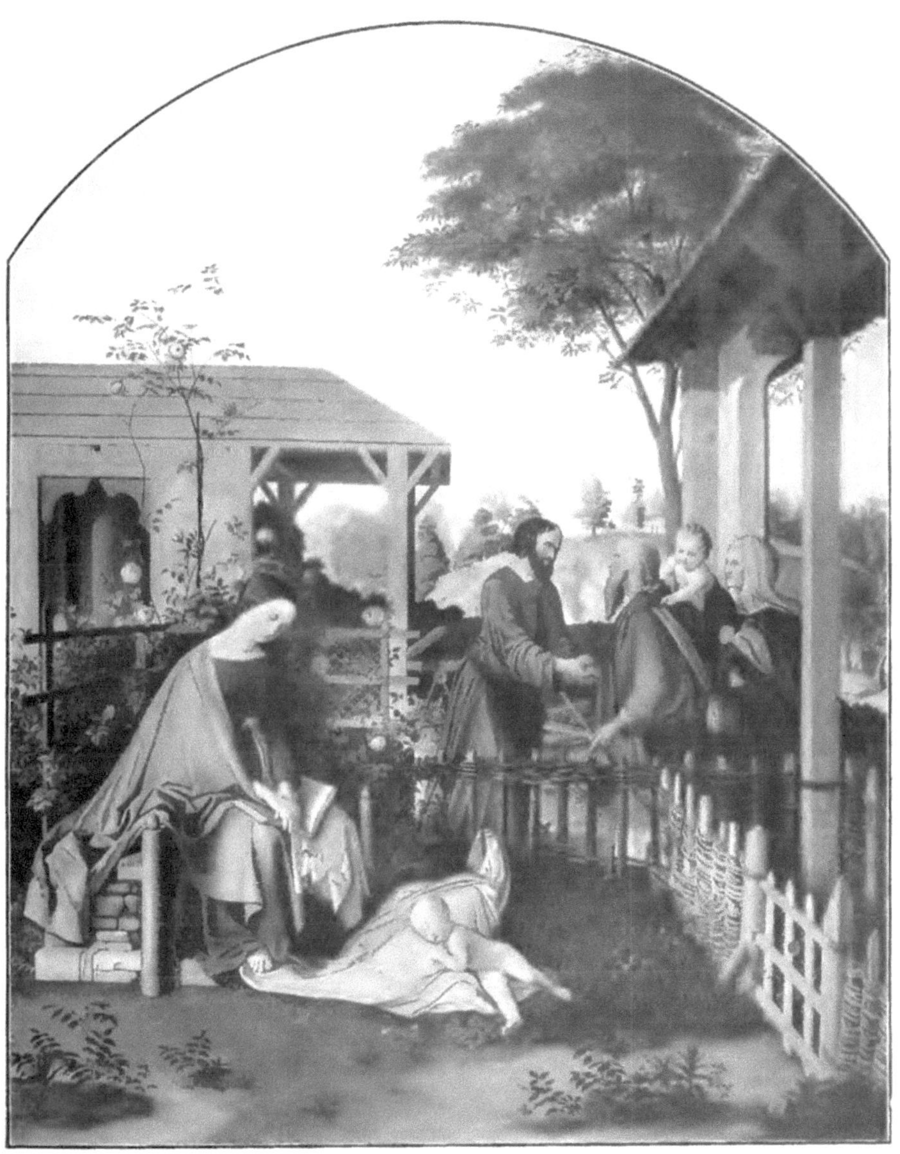

SCHNORR VON CAROLSFELD. Besuch der Familie Johannes des Täufers bei der Familie Christi (1817).

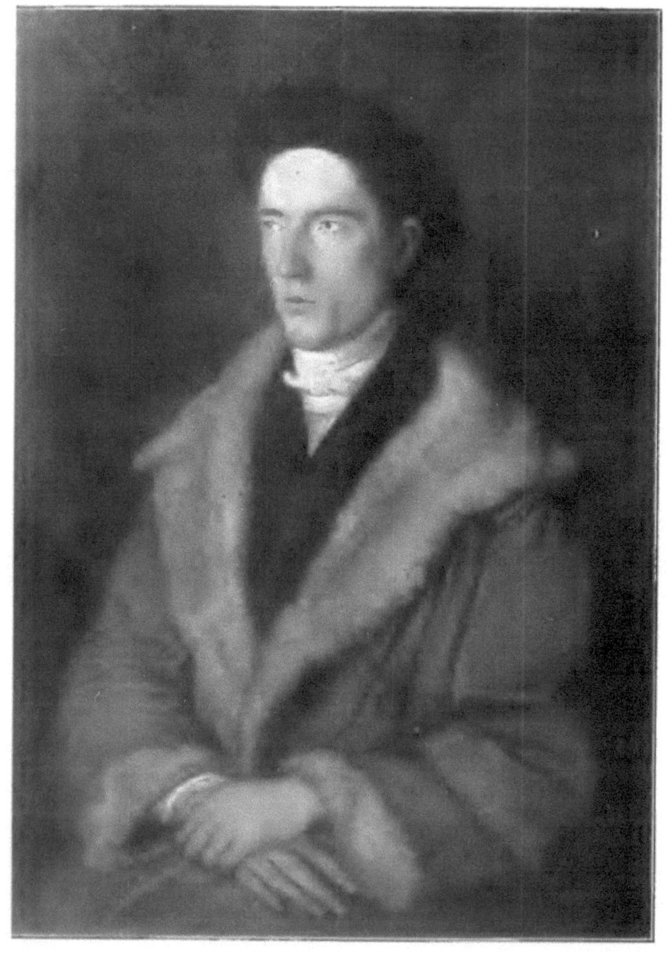

HEUSS.   Friedrich Overbeck.

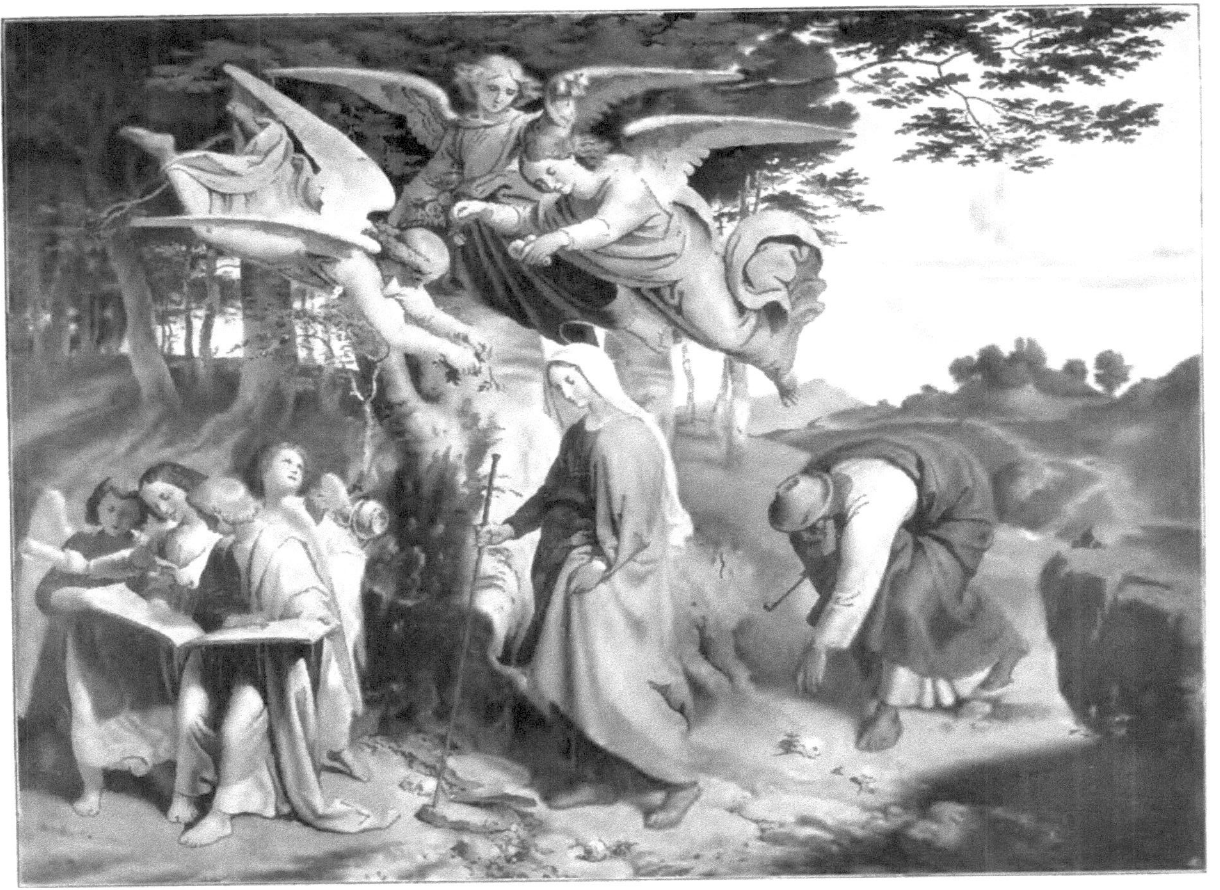

13

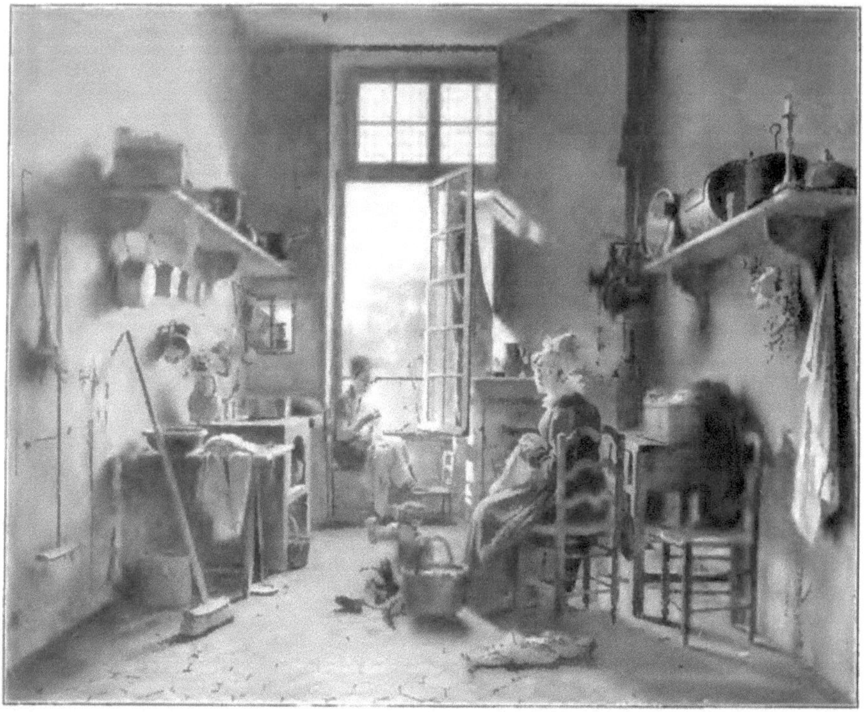

DROLLING D. Ä. Kücheninneres (1815).

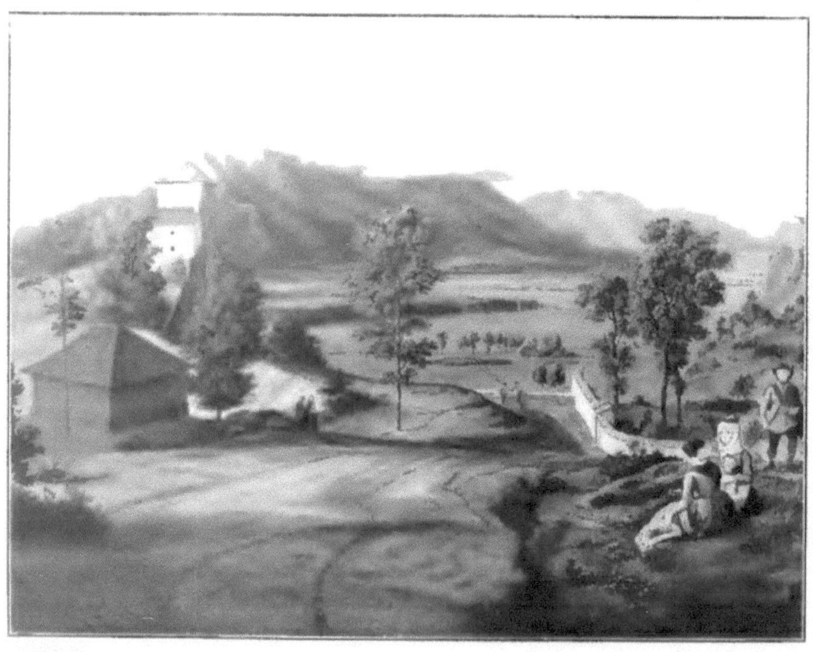

OLIVIER. Salzburgische Landschaft (1824).

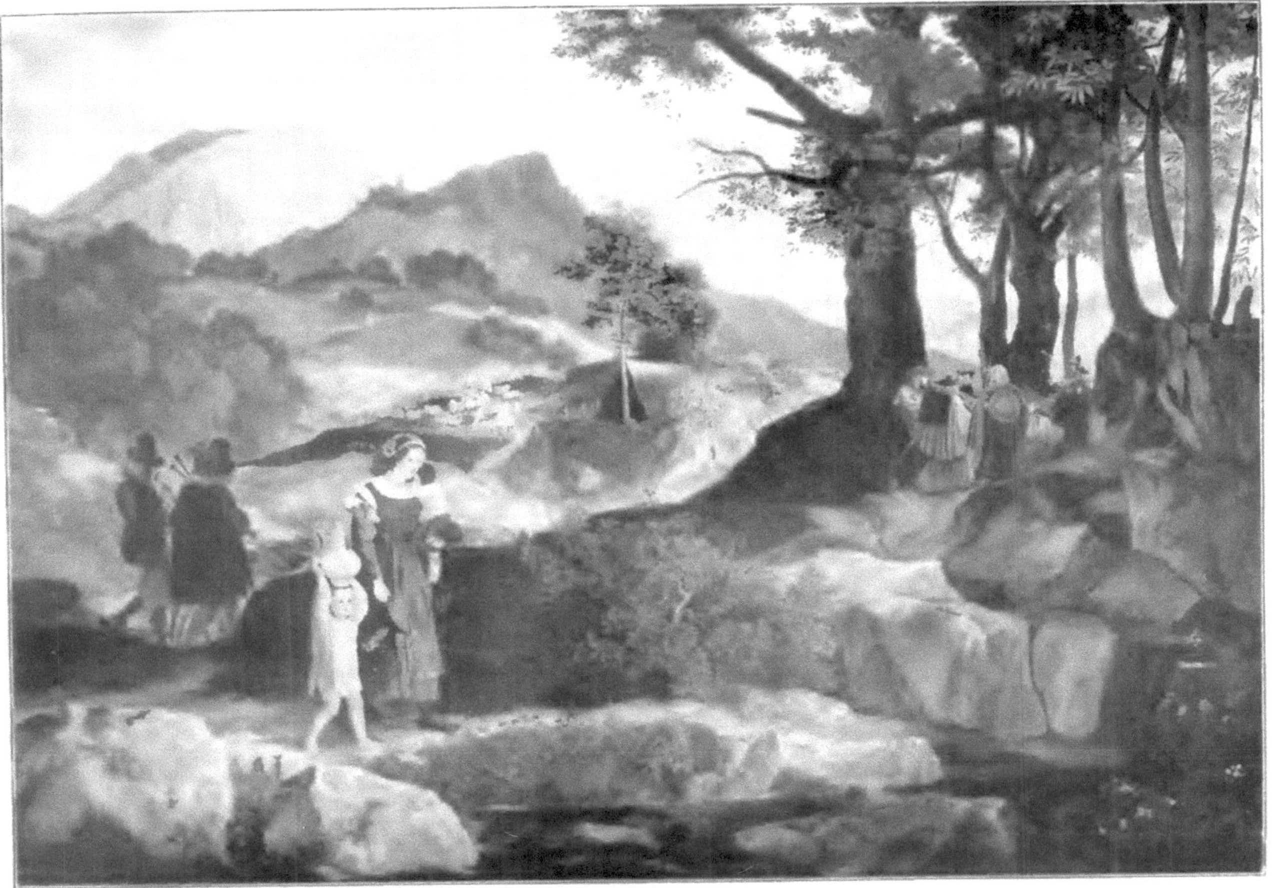

FOHR.   Romantische Landschaft (1875)

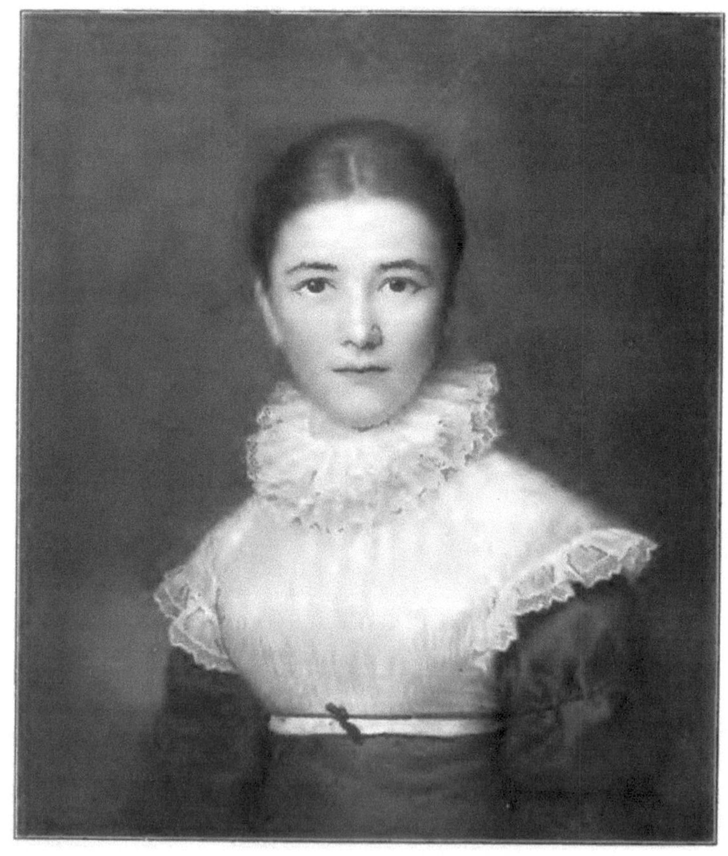

GROEGER.   Fräulein Lina Groeger.

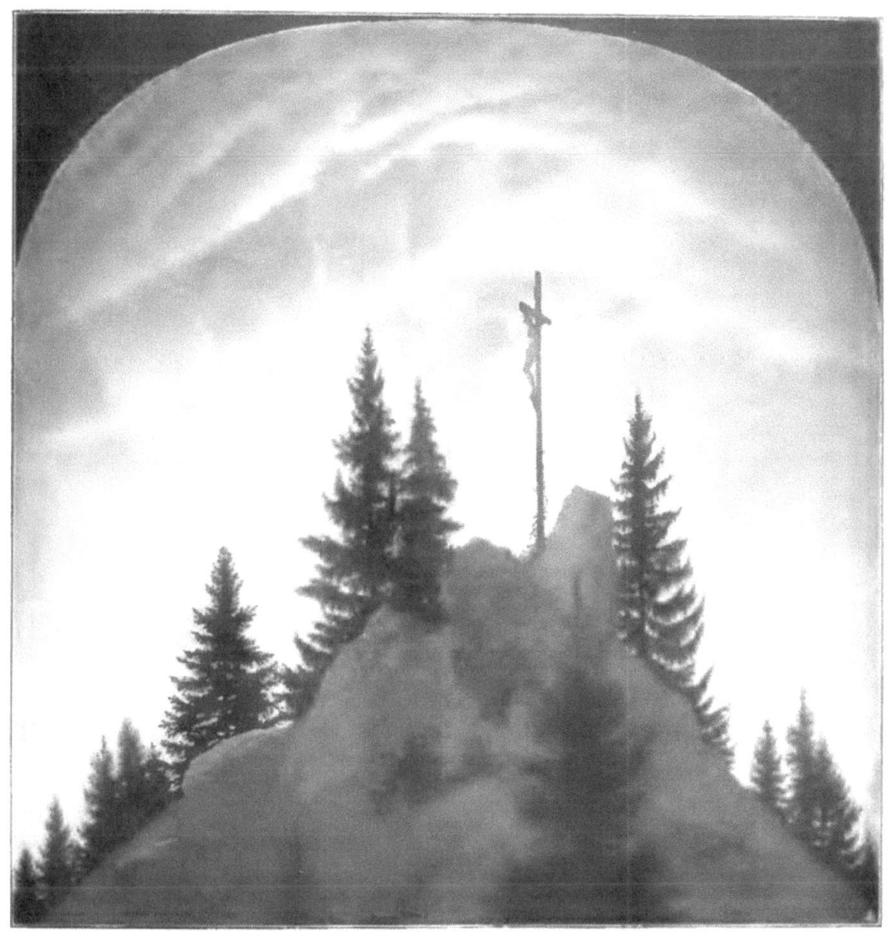

FRIEDRICH.   Kreuz im Gebirge (1808).

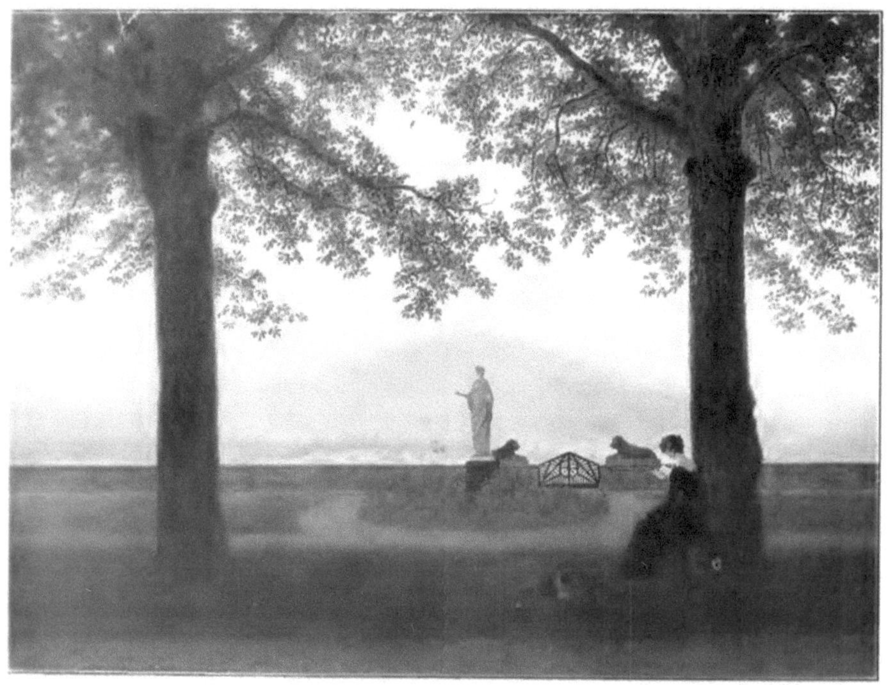

FRIEDRICH.   Park mit Aussicht ins freie Land (1811).

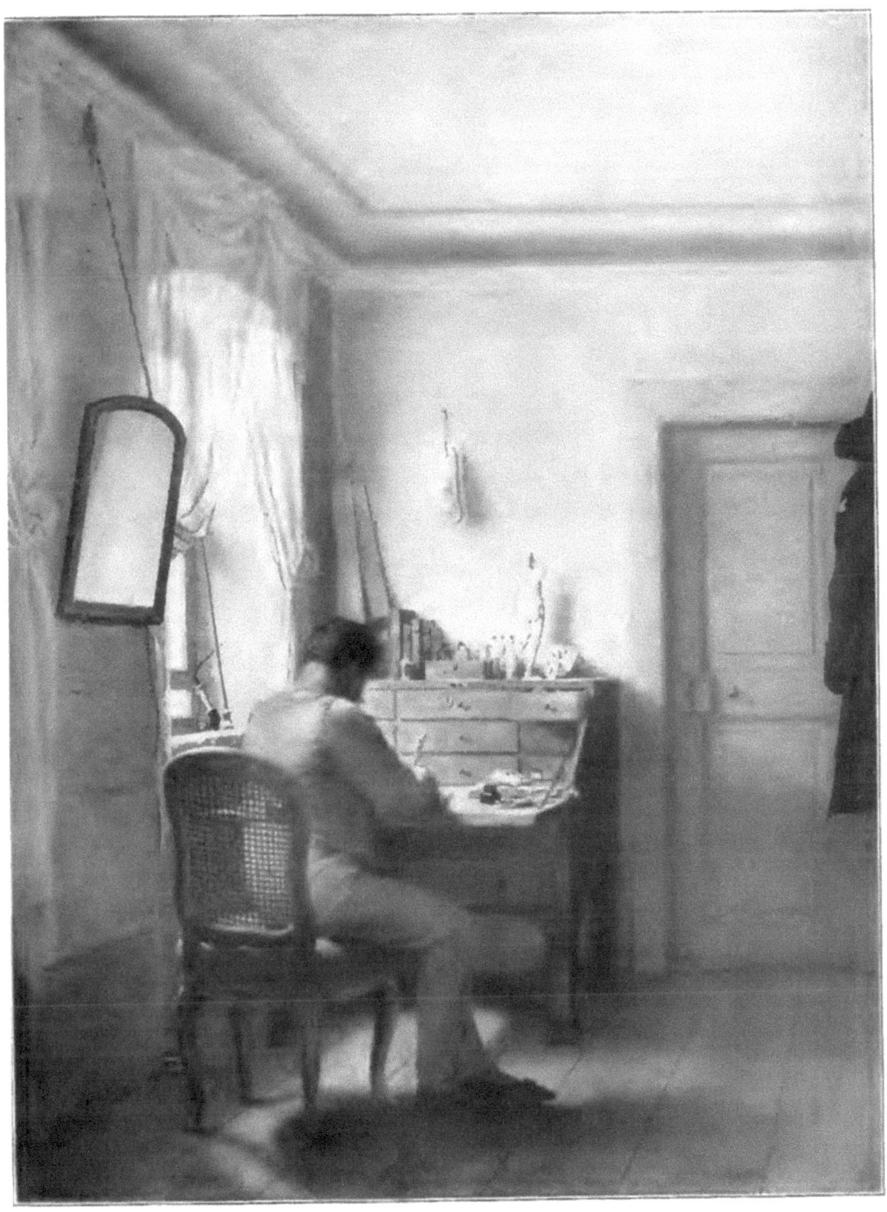

KERSTING.   Stube mit Selbstbildnis (1811).

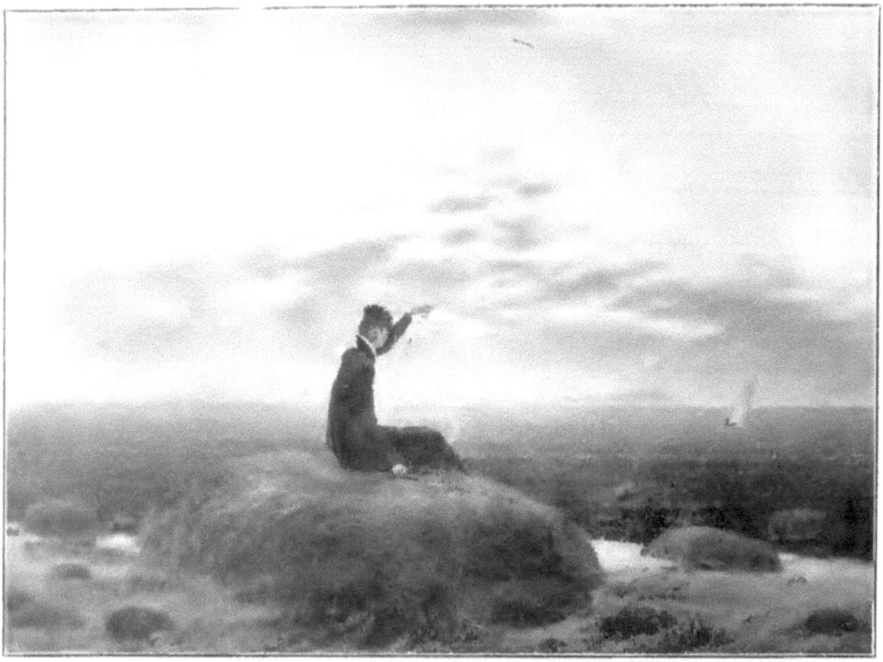

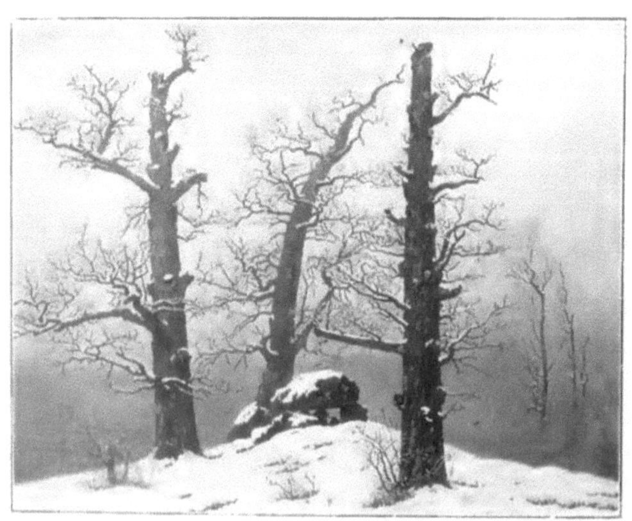

FRIEDRICH.   Mädchen am Strande. (Um 1810).

FRIEDRICH.   Hünengrab im Schnee (1831—35).

20

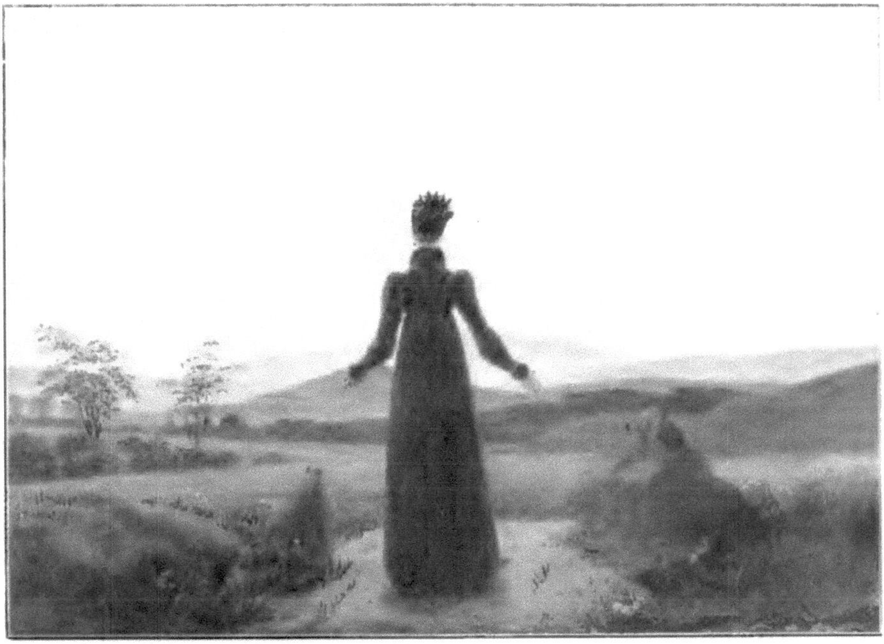

FRIEDRICH.

Sonnenaufgang. (Vor 1808).

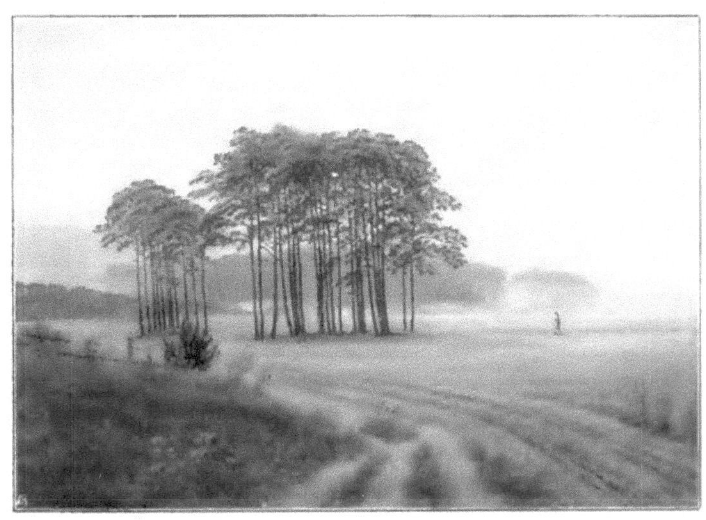

FRIEDRICH.

Landschaft (1820—1825).

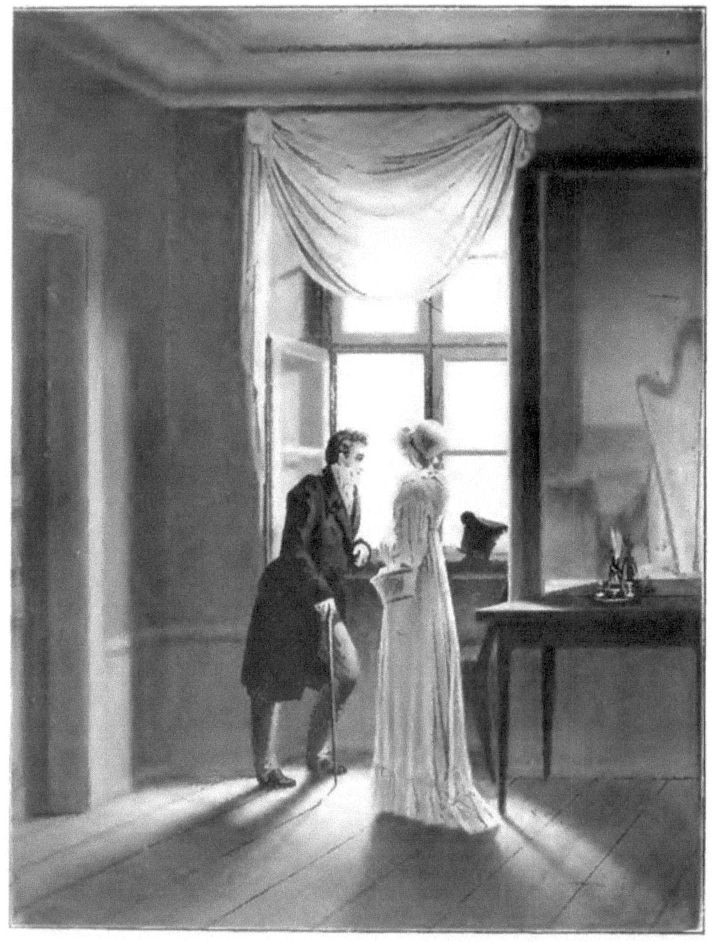

KERSTING.   Das Paar am Fenster (1817).

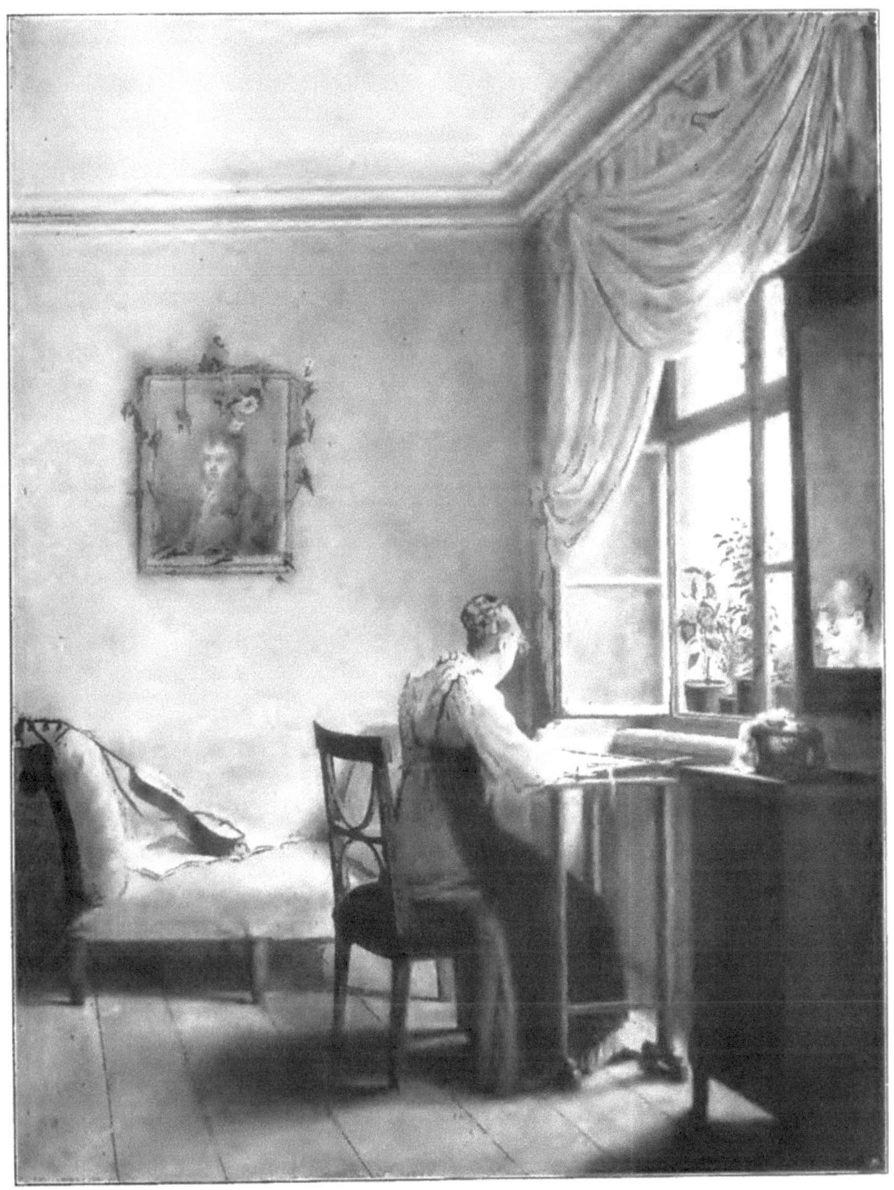

KERSTING. Die Stickerin (1812).

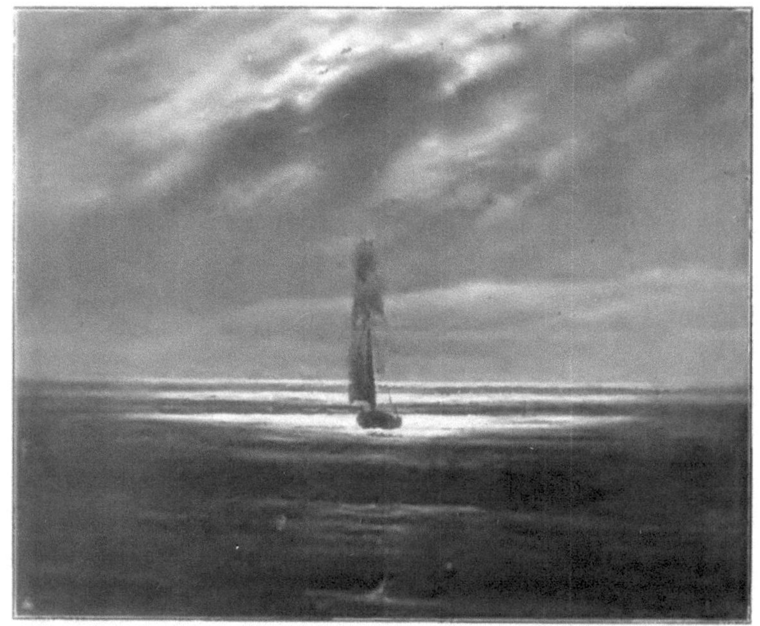

FRIEDRICH.   Mondschein am Strande.

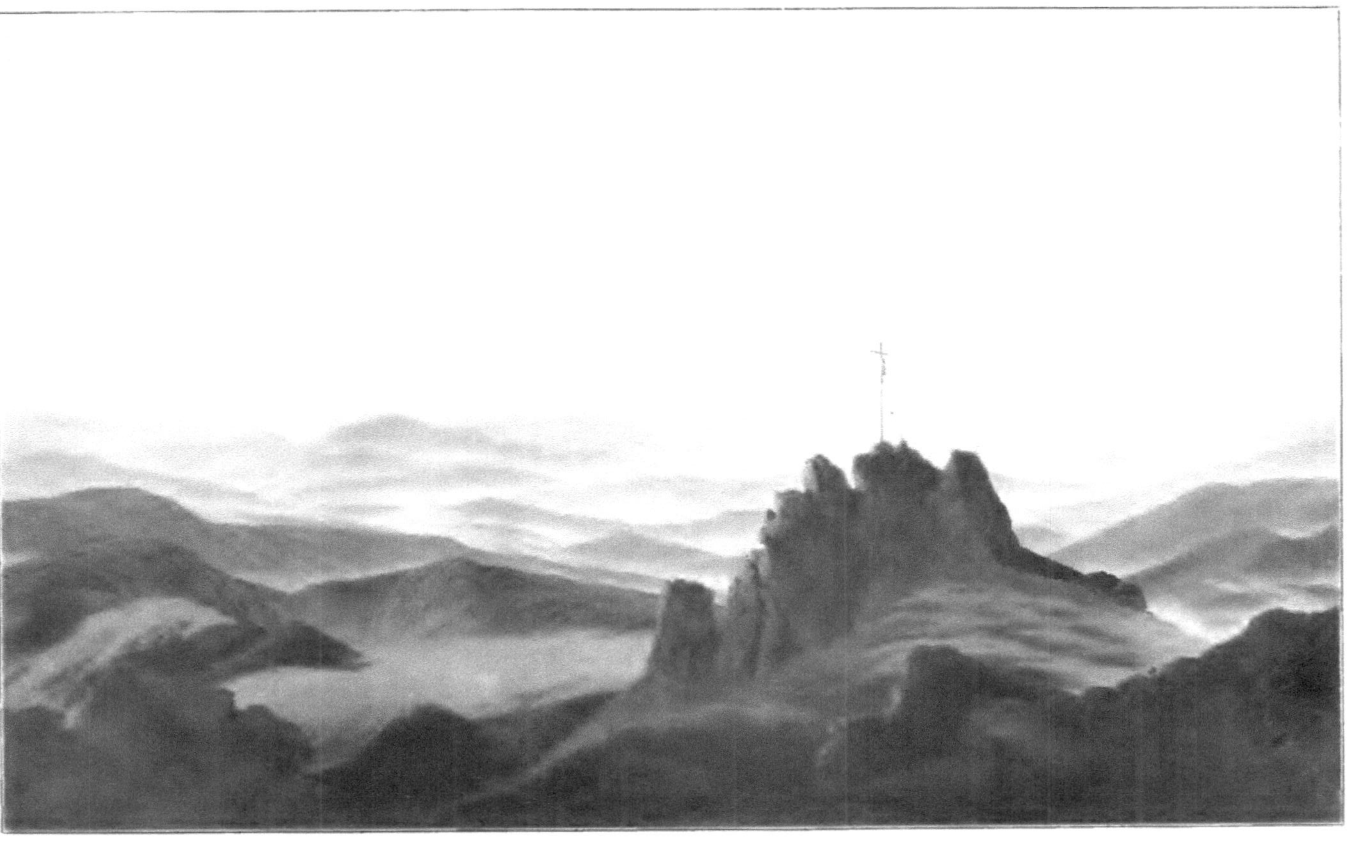

FRIEDRICH. Riesengebirgslandschaft (1810).

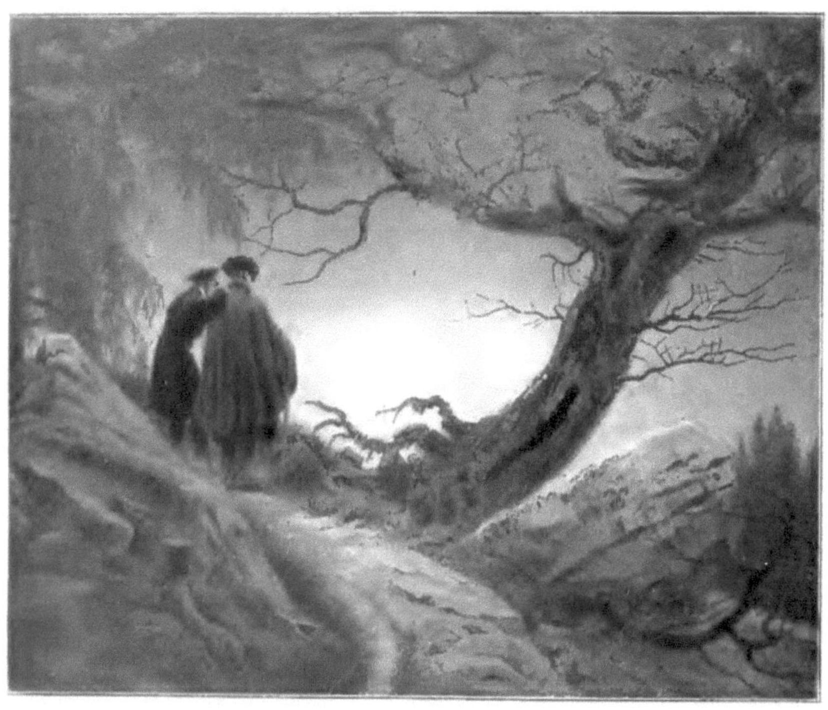

FRIEDRICH. Zwei Männer in Betrachtung des Mondes. (Um 1820).

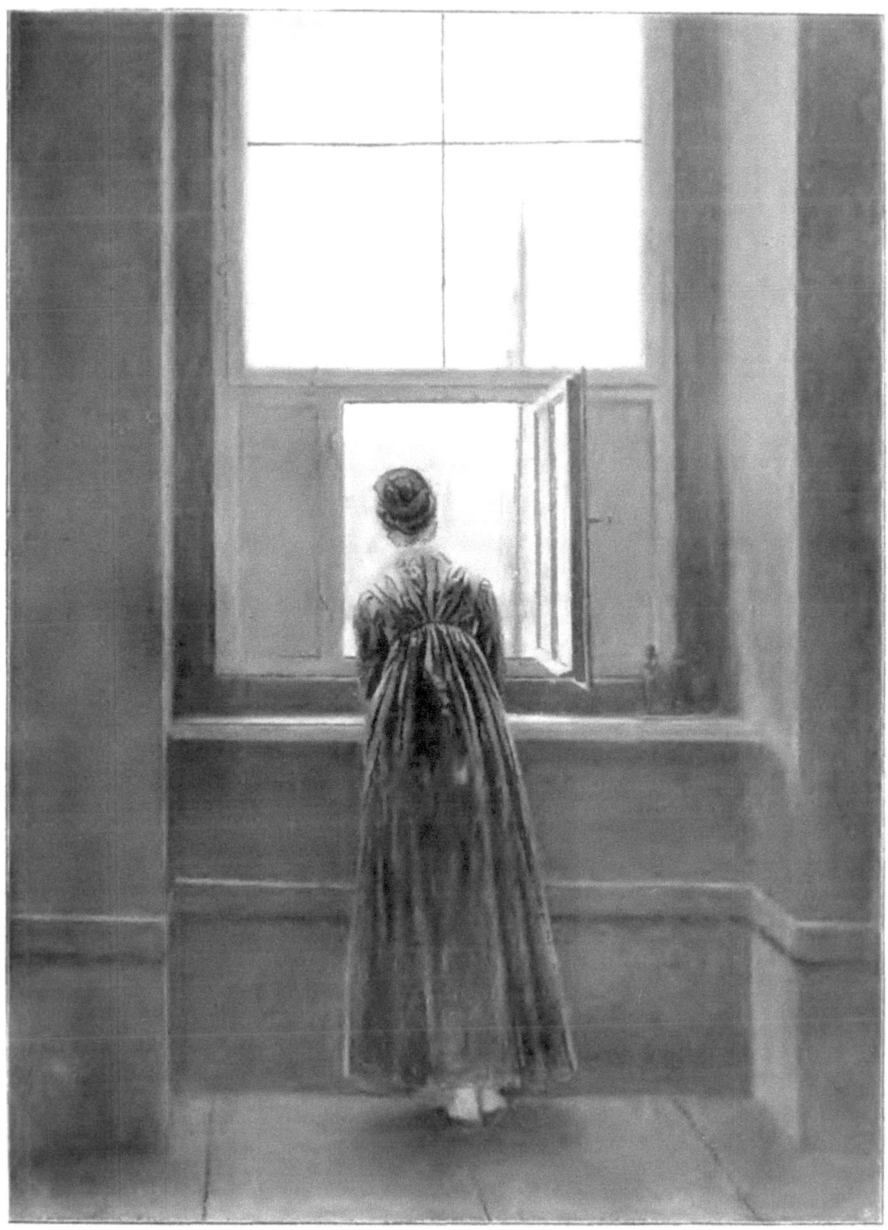

FRIEDRICH. Frauengestalt im Atelierfenster des Künstlers. (Um 1818).

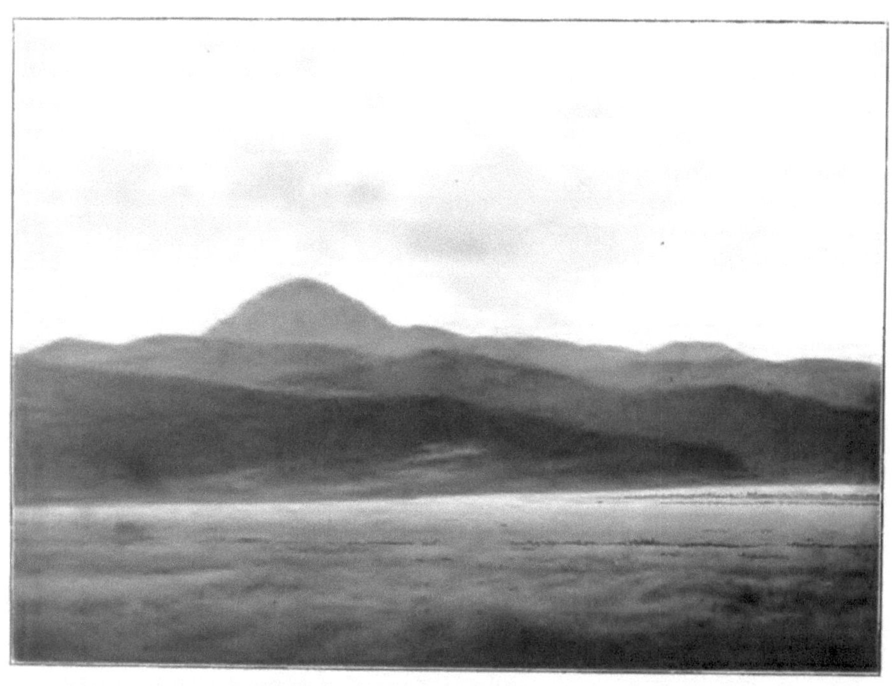

FRIEDRICH. Gebirgslandschaft (1820).

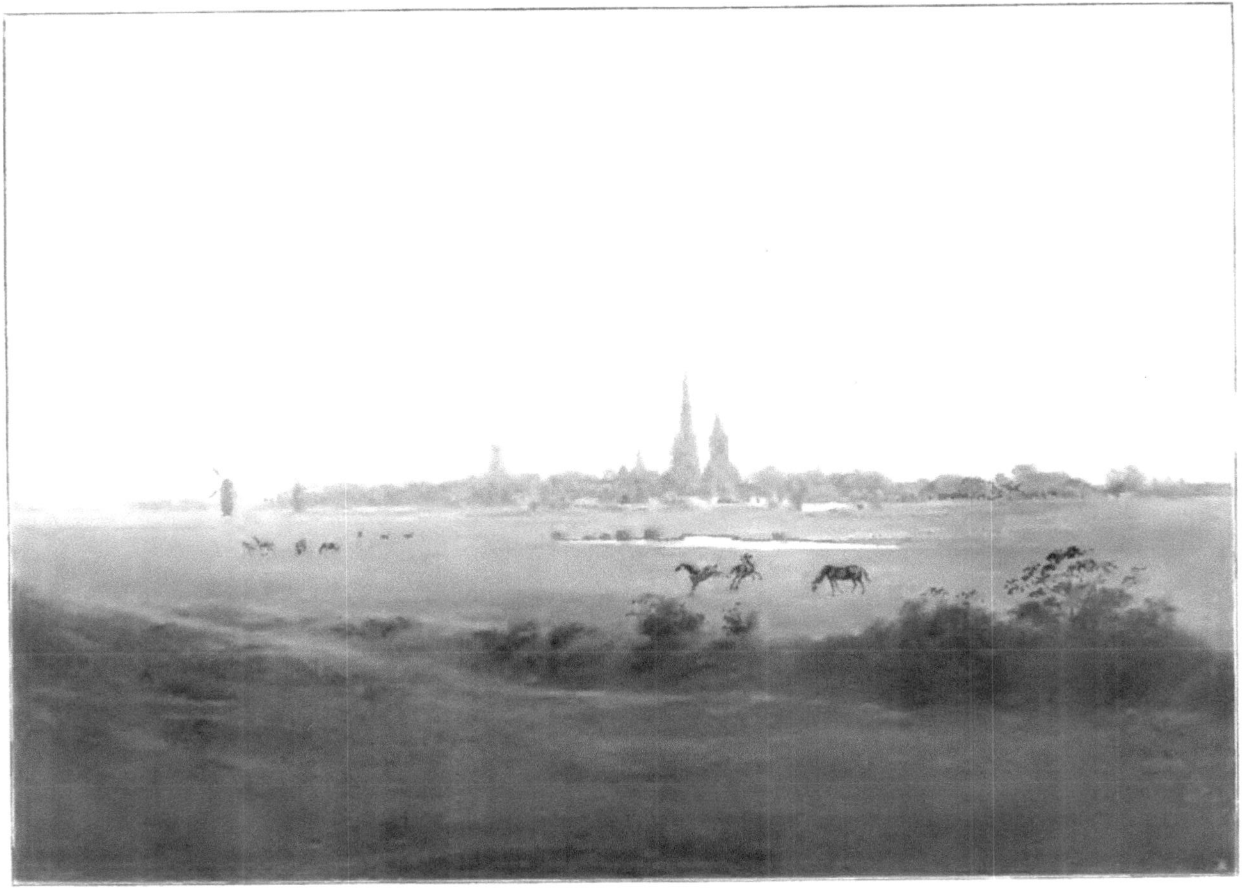

FRIEDRICH.
Die Wiesen bei Greifswald (1820—1830).

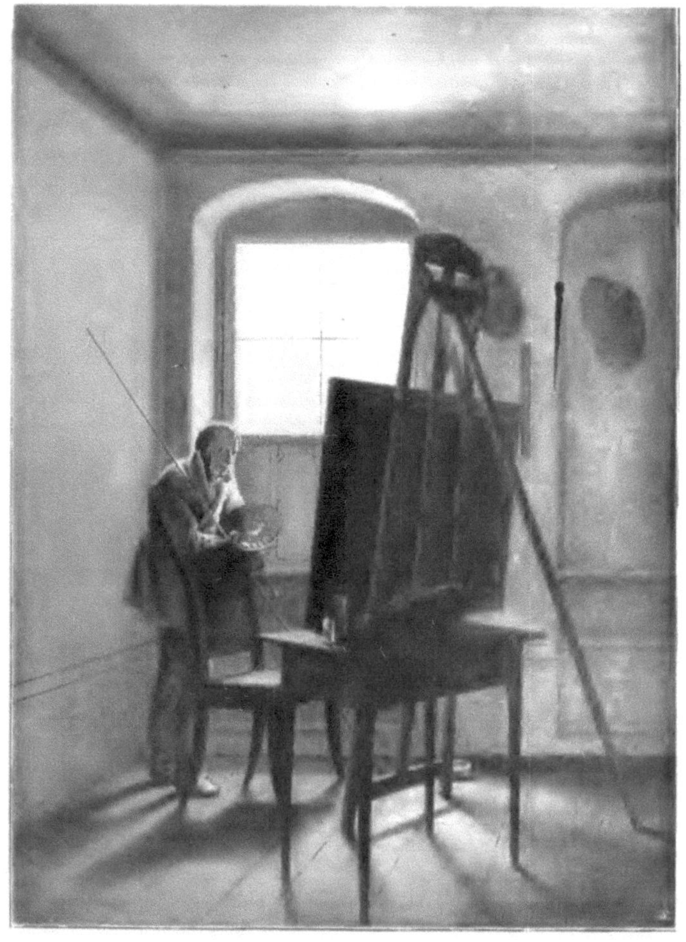

KERSTING   Der Maler Friedrich in seinem Atelier.

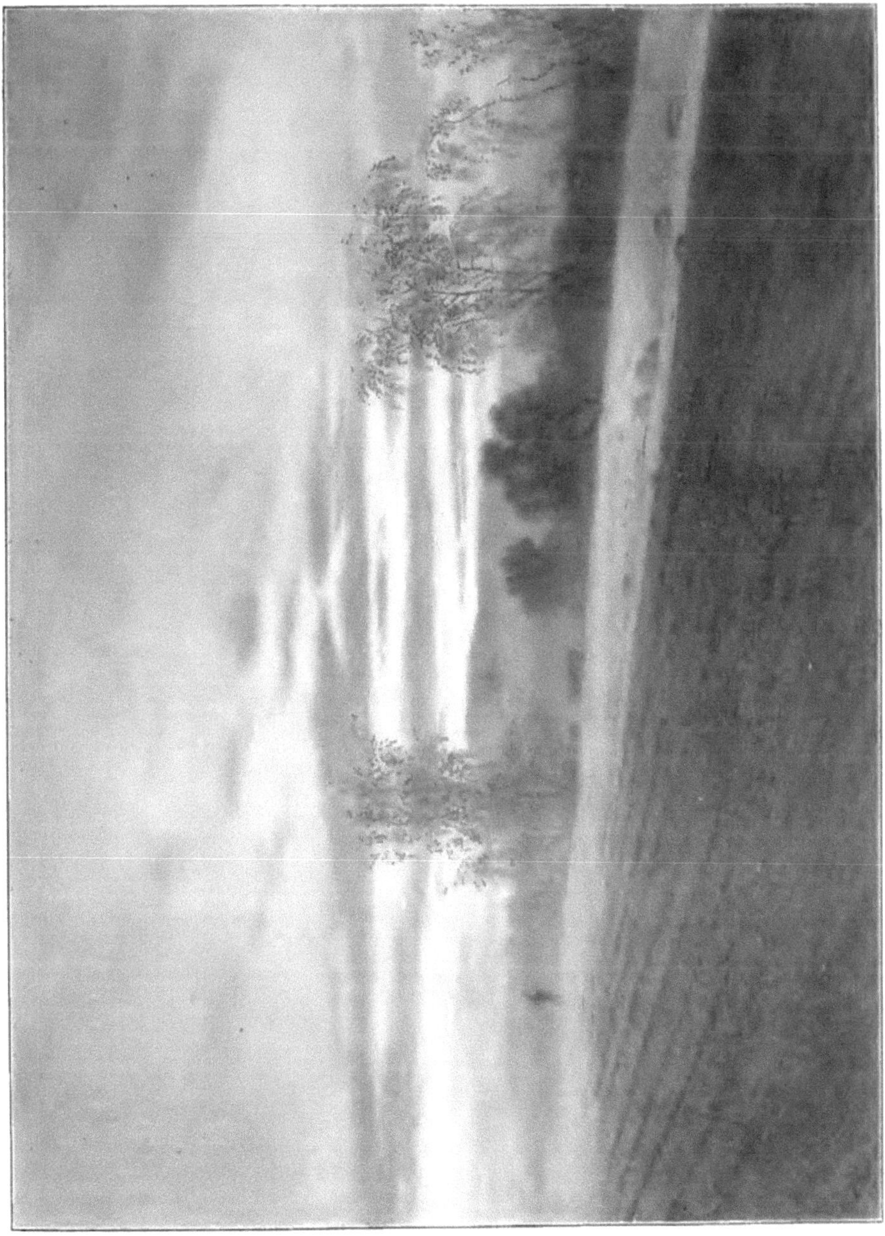

FRIEDRICH.   Sturzacker (1820—1830).

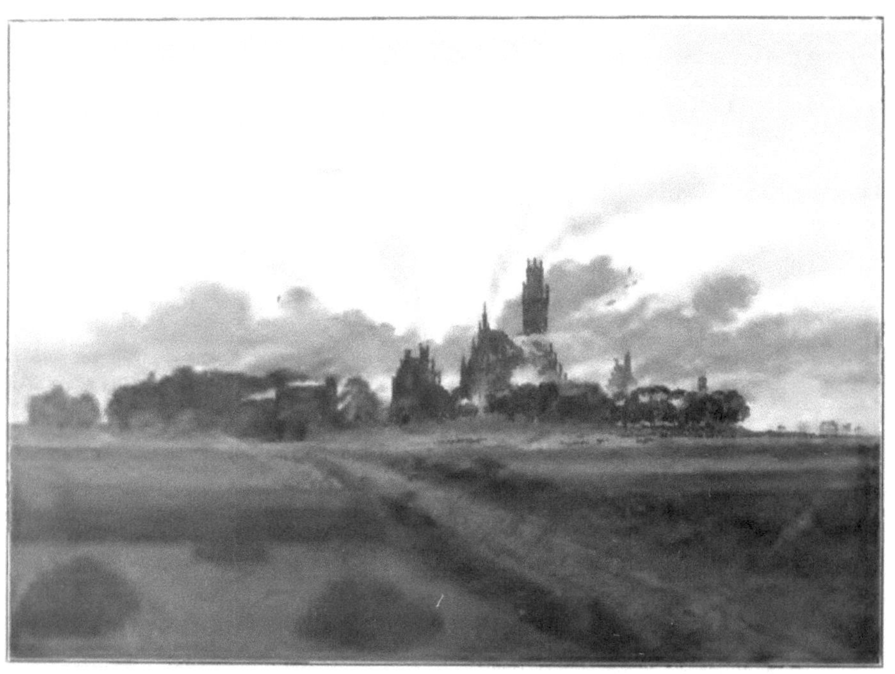

FRIEDRICH.   Neubrandenburg bei Sonnenuntergang. (Um 1832).

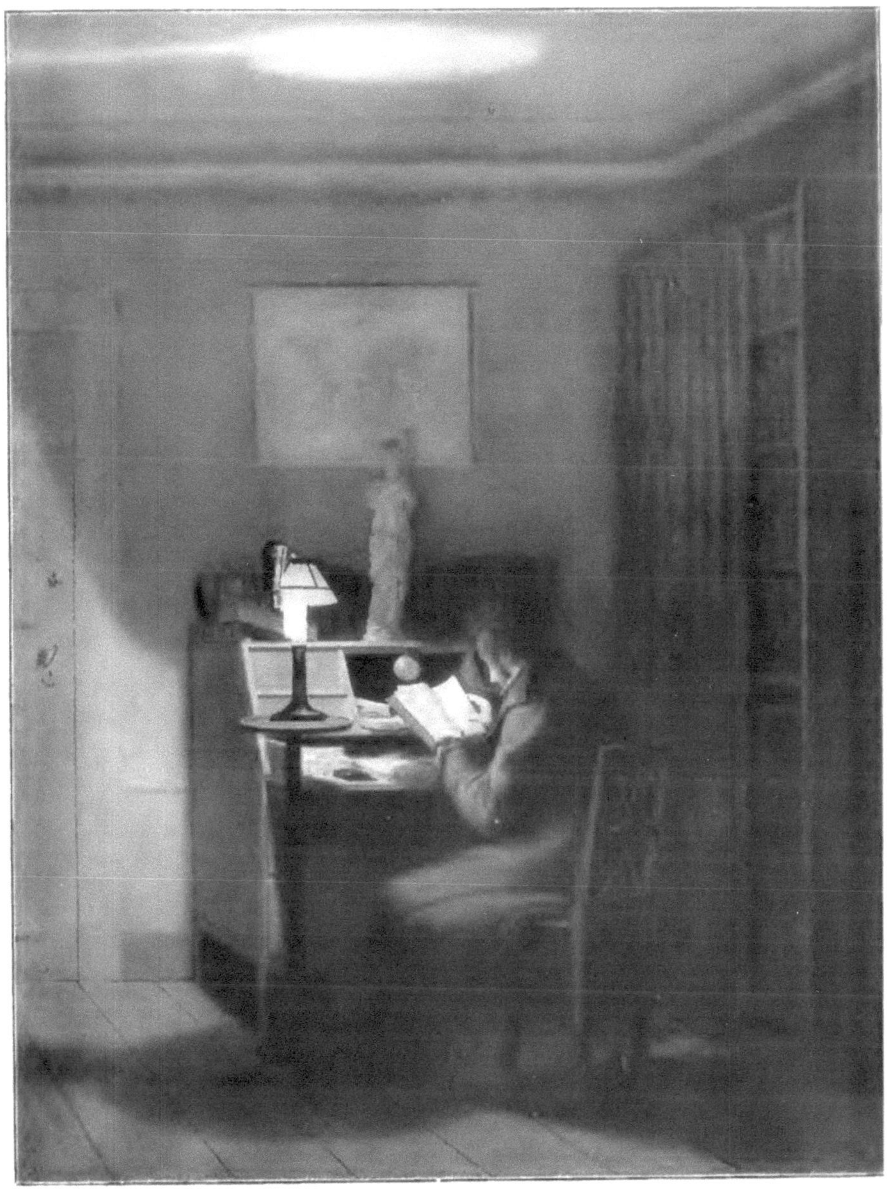

KERSTING.   Der elegante Leser (1812).

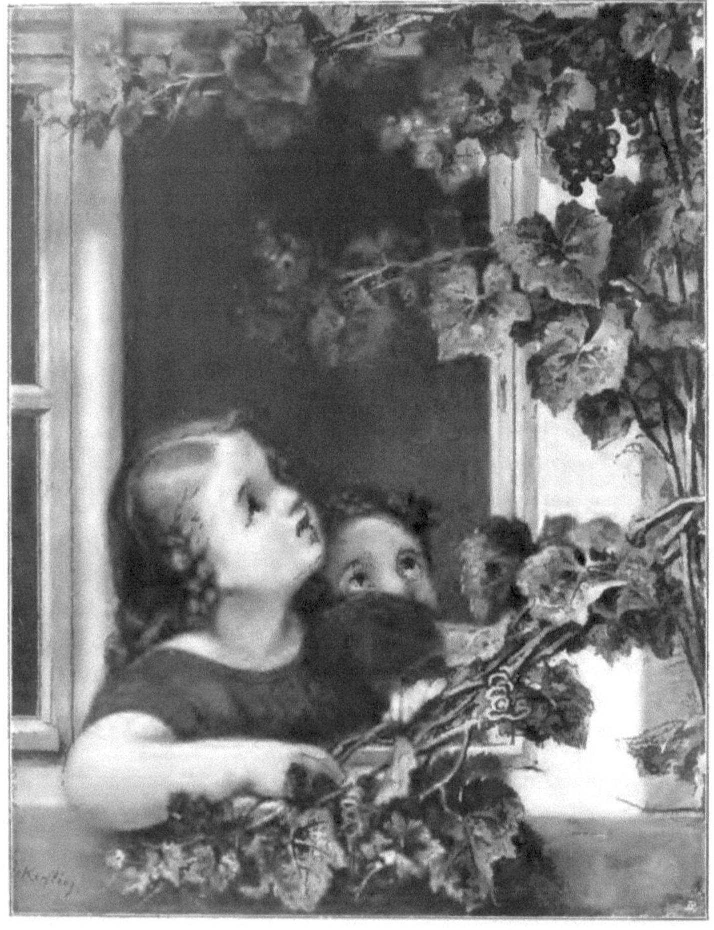

KERSTING.   Kinder am Fenster (1843).

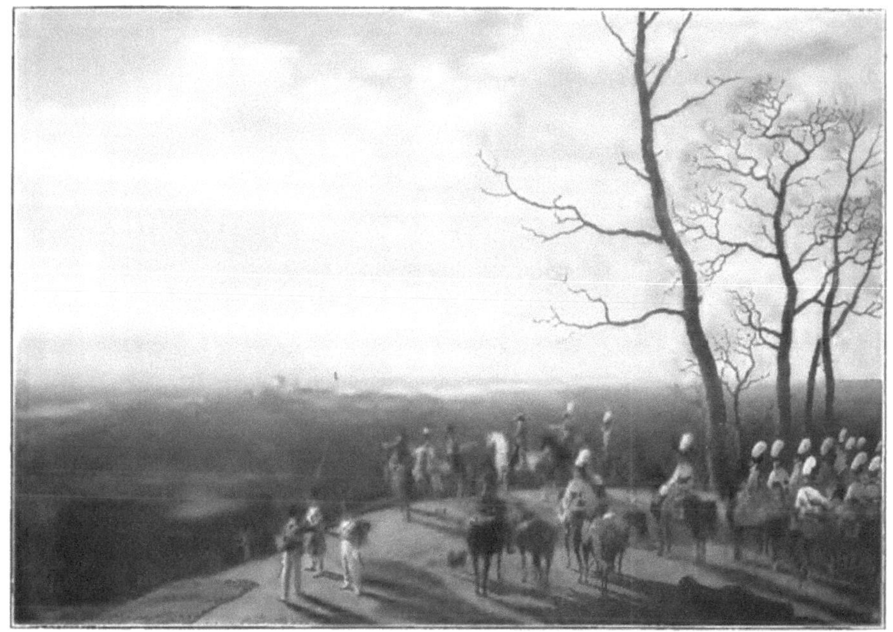

KOBELL. Die Belagerung von Kosel (1808).

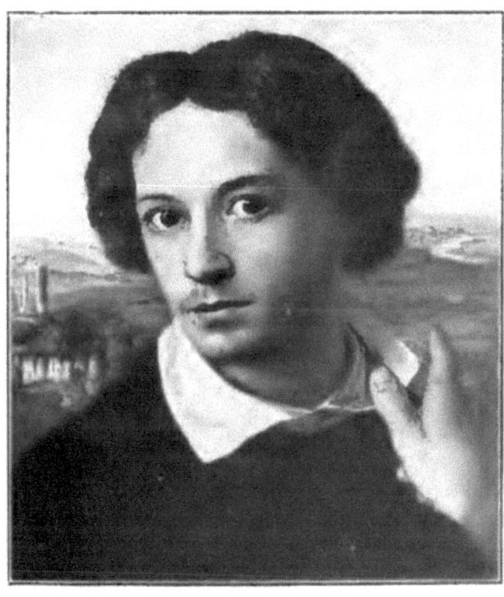

VEIT. Selbstbildnis aus der Jugendzeit (1819) und Selbstbildnis im Alter von 80 Jahren (1873).

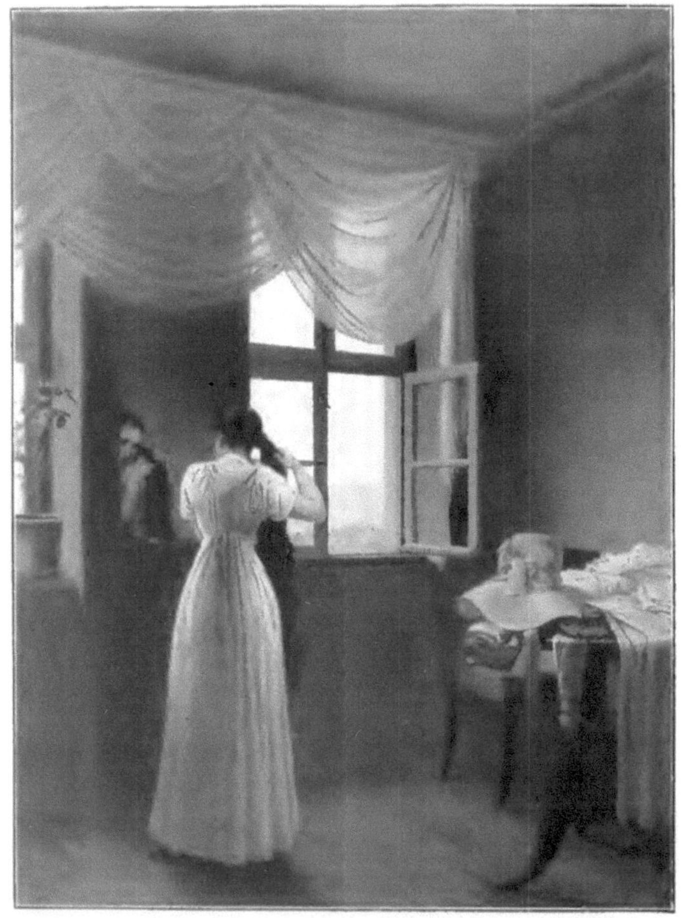

KERSTING.   Mädchen vor dem Spiegel (1822).

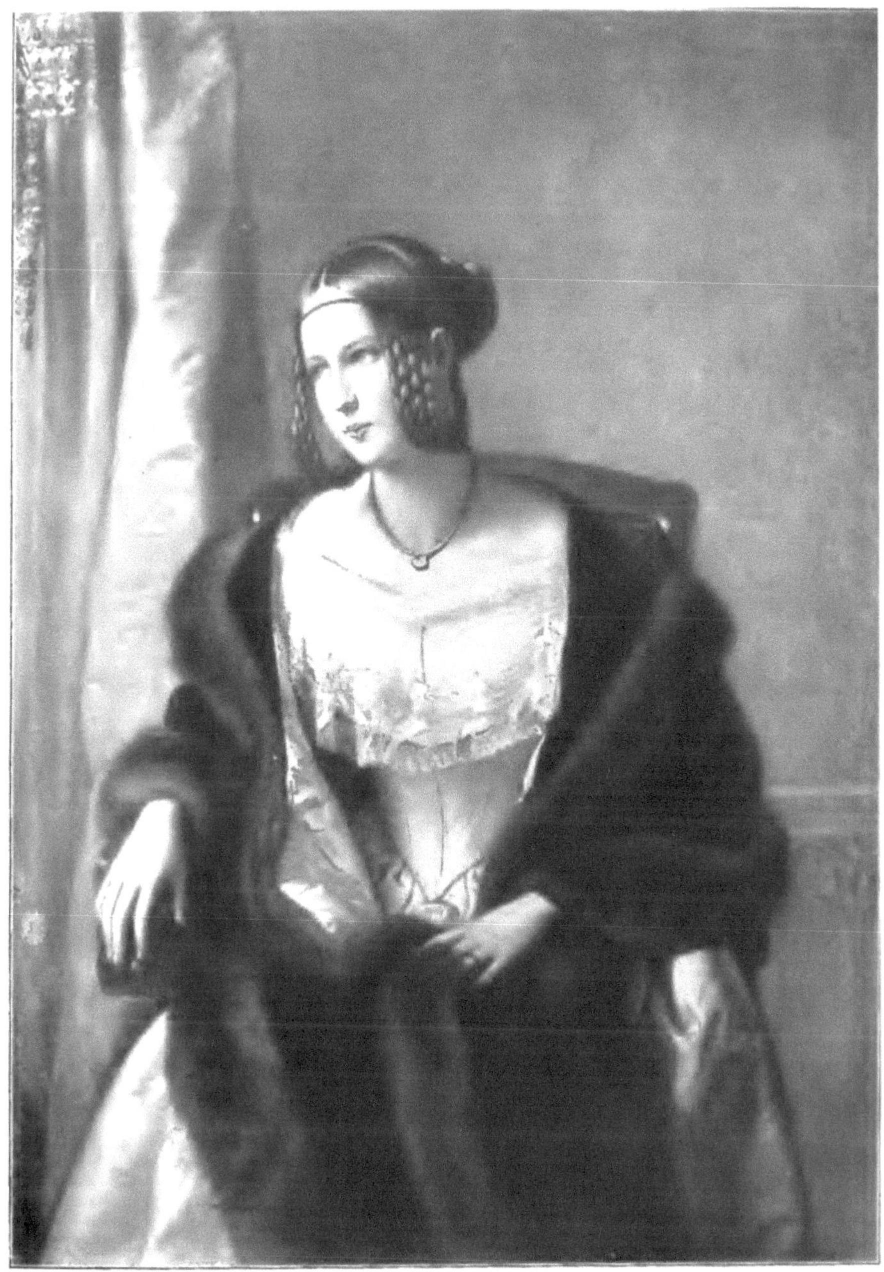

VEIT.   Freifrau von Bernus (1838).

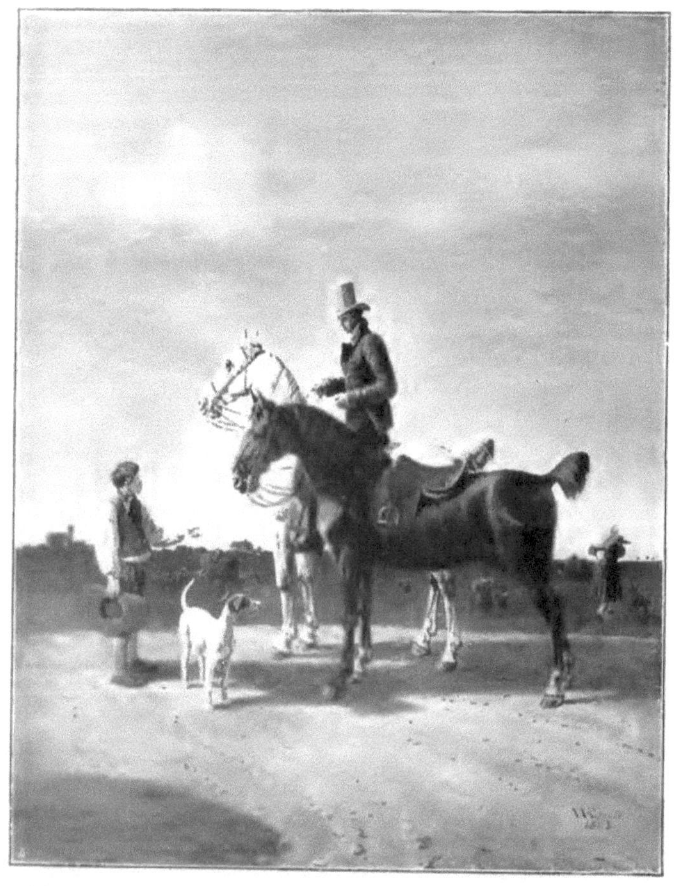

KOBELL.   Der Reiter (1823).

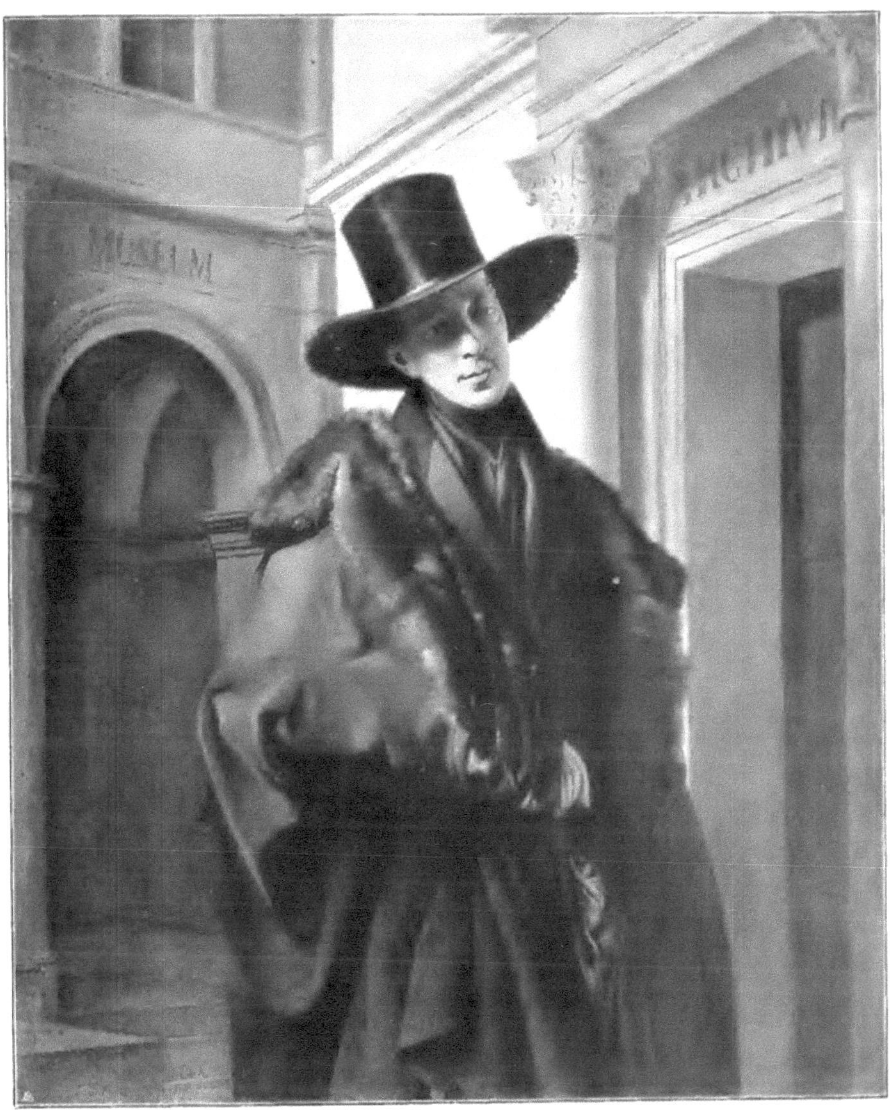

UNBEKANNTER MEISTER.   Fürst v. Lichnowsky. (Um 1830).

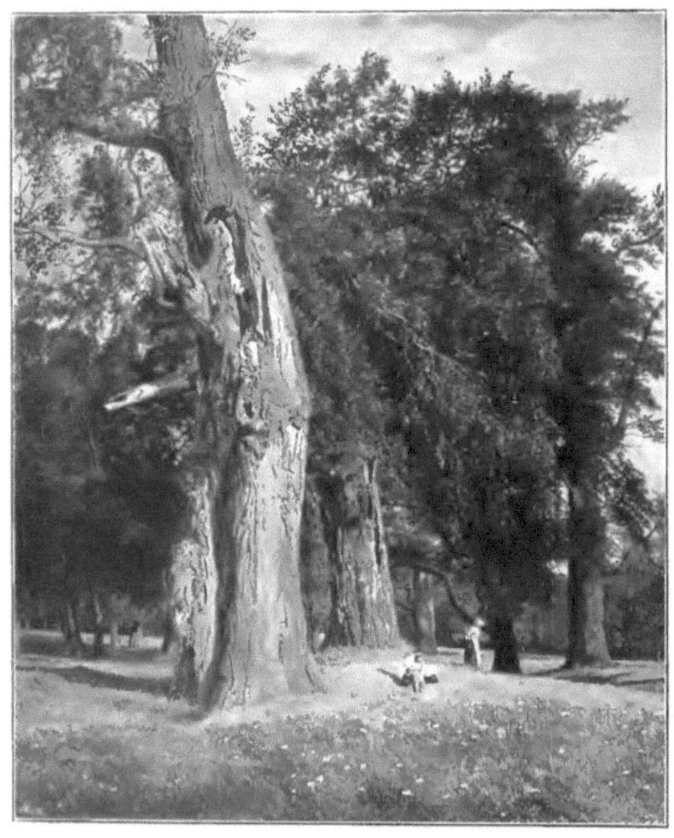

WALDMÜLLER.   Aus dem Prater (1831).

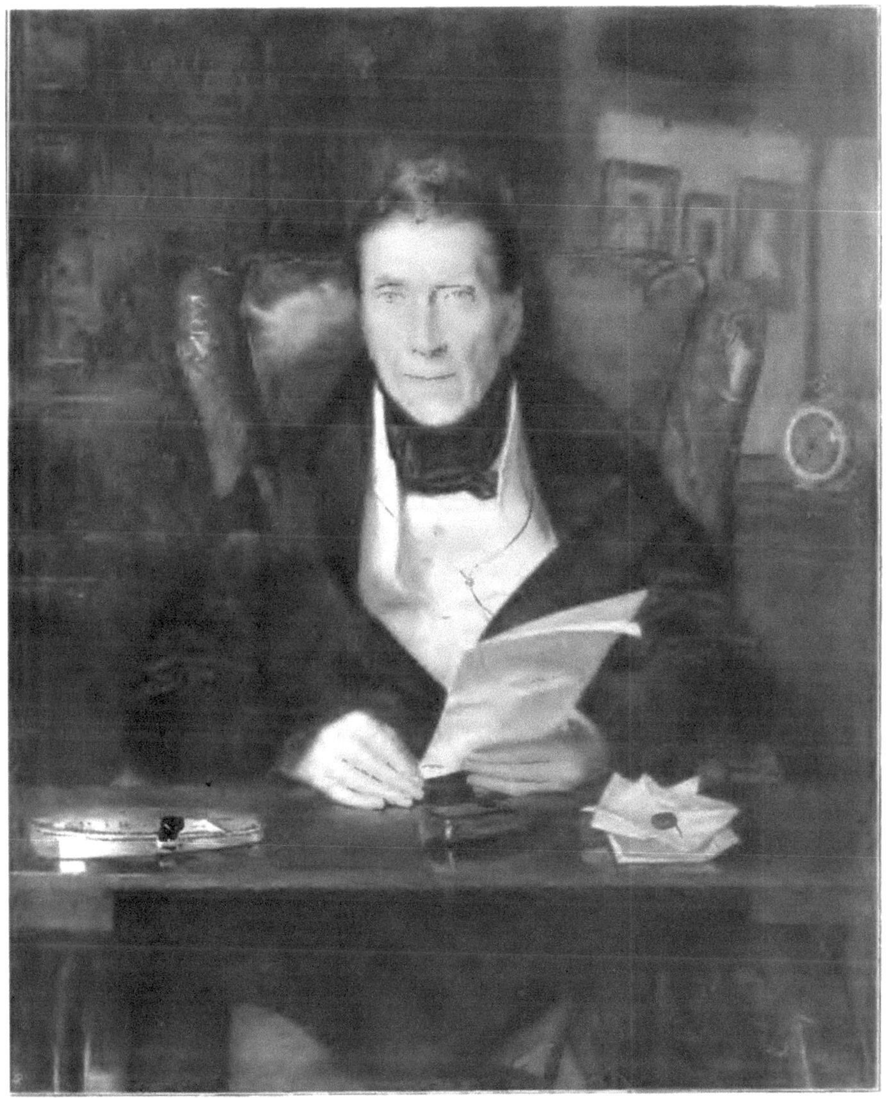

WALDMÜLLER.

Fürst André Razumowsky (1835).

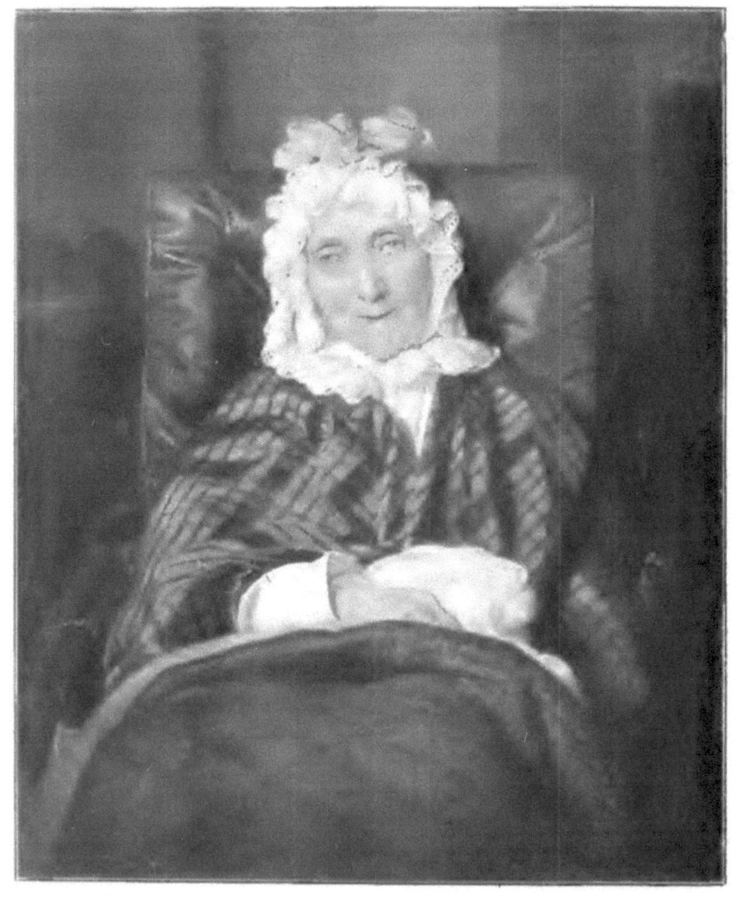

WALDMÜLLER.   Alte Dame im Lehnstuhl (1842).

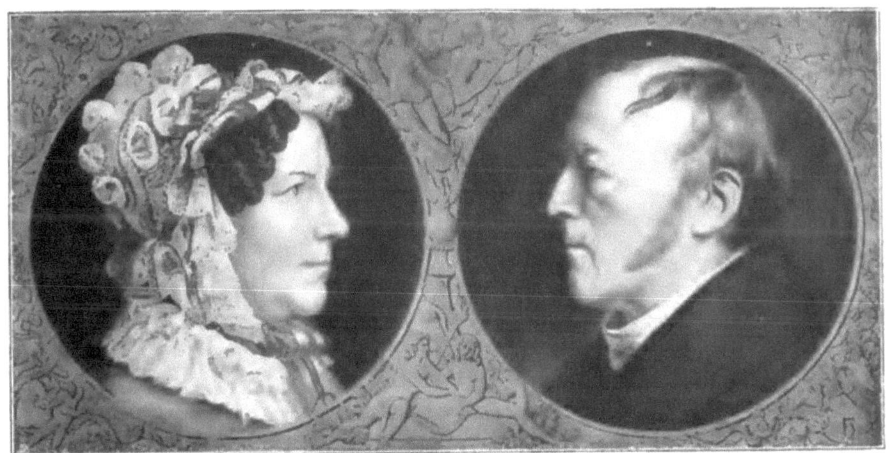

BEGAS D. Ä.   Die Eltern des Künstlers (1821).

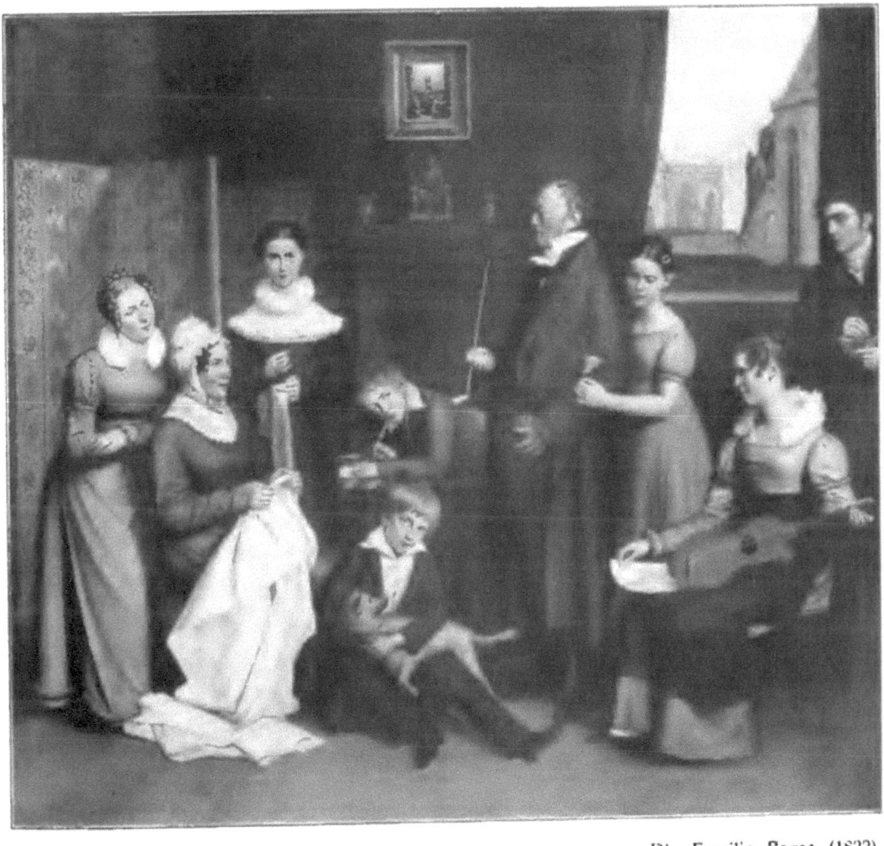

BEGAS D Ä.   Die Familie Begas (1822).

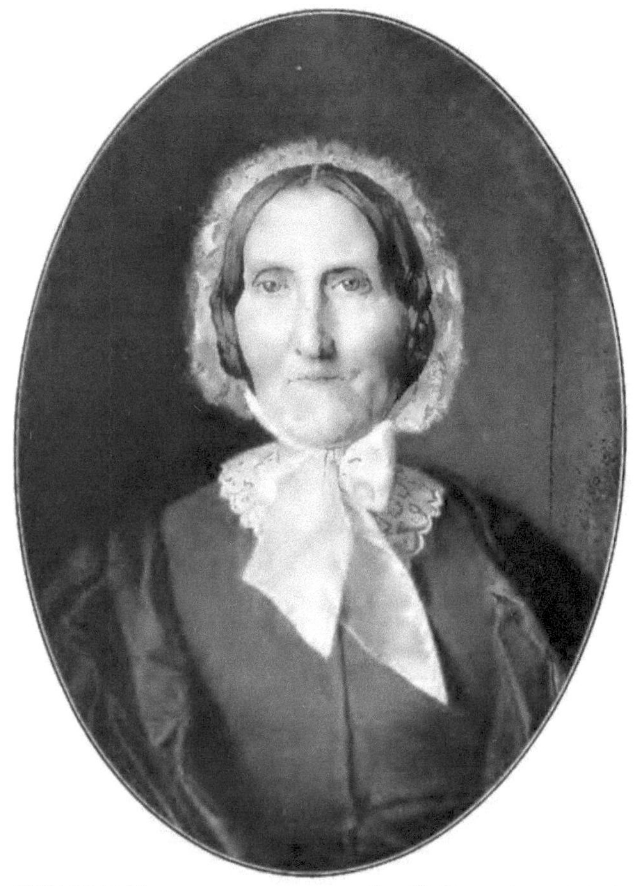

WALDMÜLLER.   Des Künstler's Tante (1851).

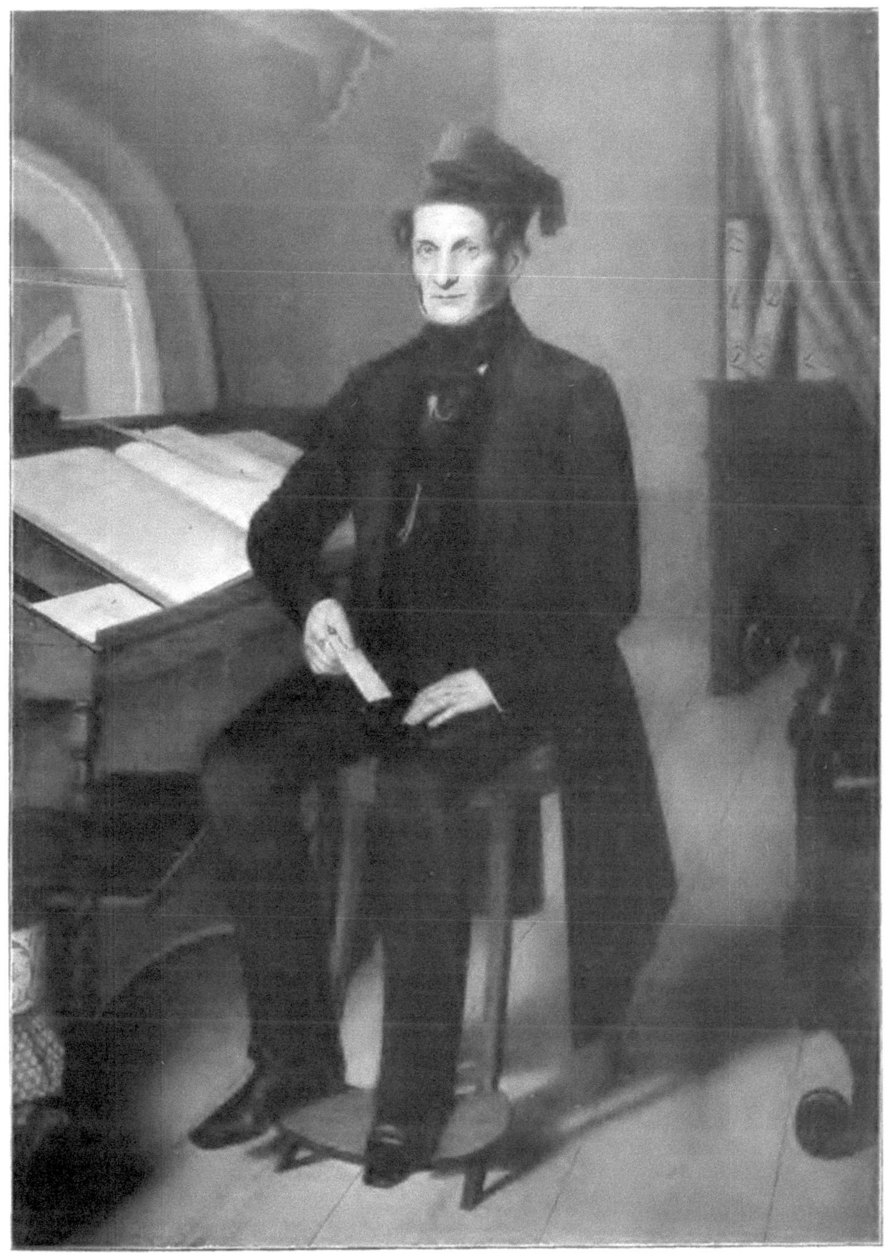

UNBEKANNTER MEISTER.   Kommerzienrat Josef Liebermann (1812).

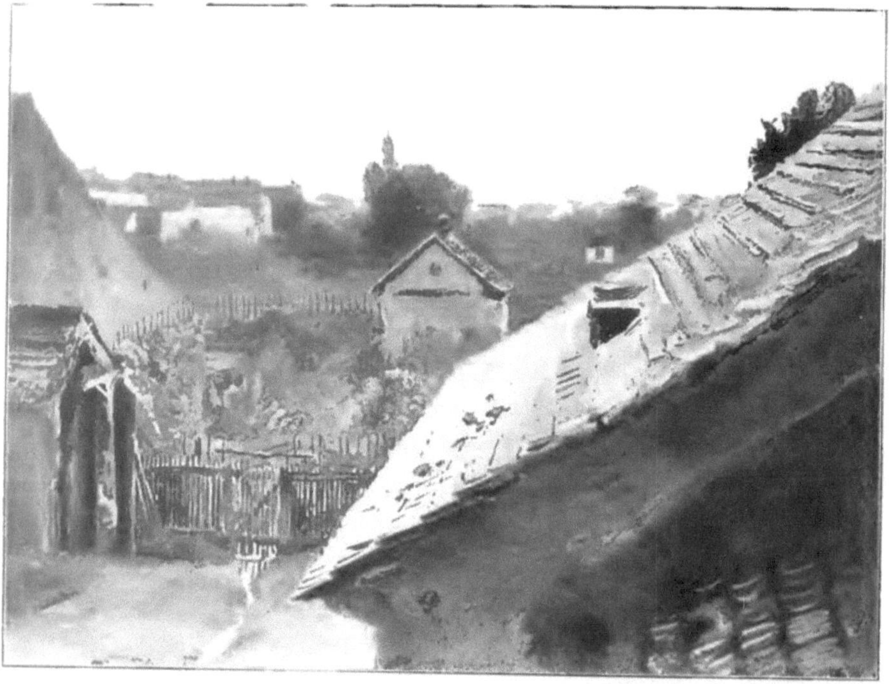

BLECHEN. Blick auf Gärten und Häuser.

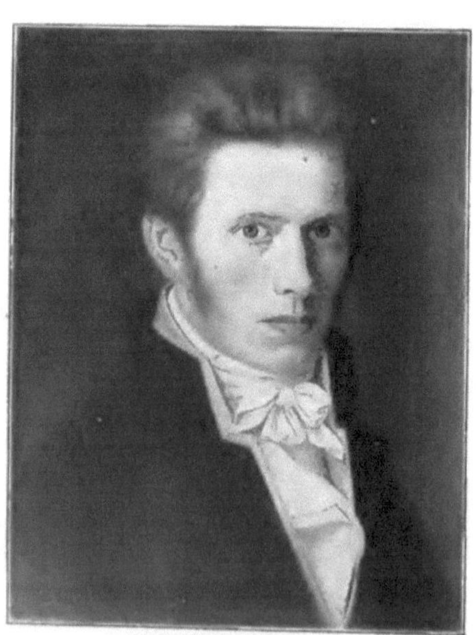

UNBEKANNTER MEISTER. Justizrat Welcker (1818).

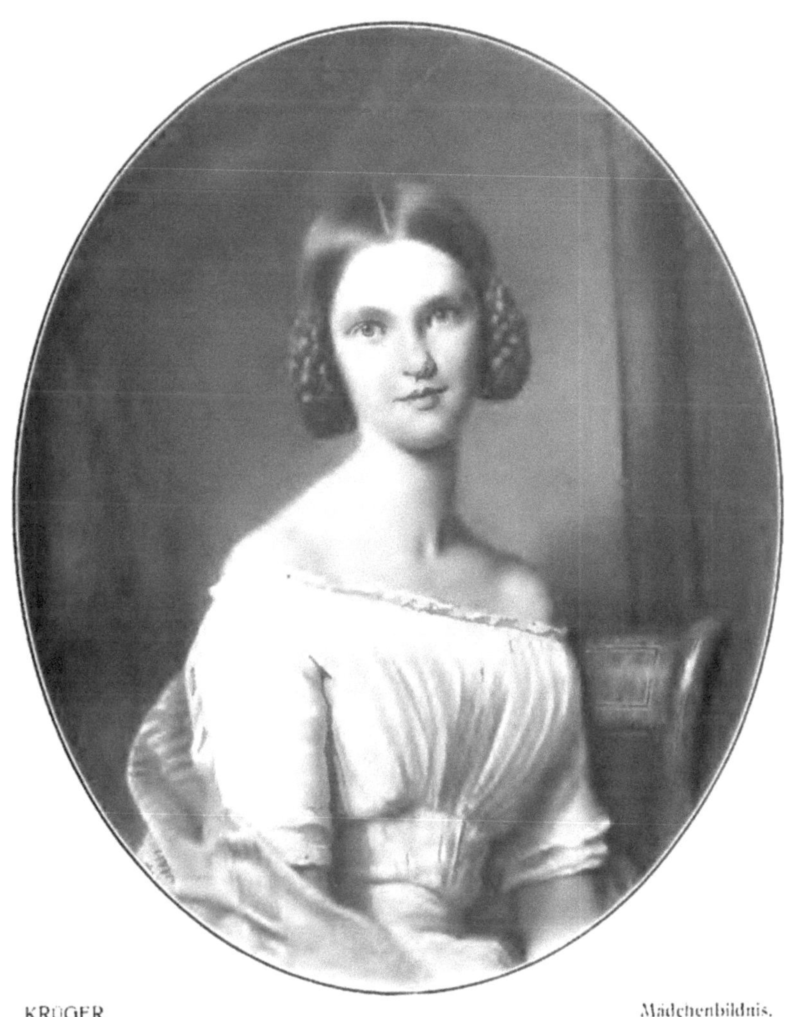

KRÜGER   Mädchenbildnis.

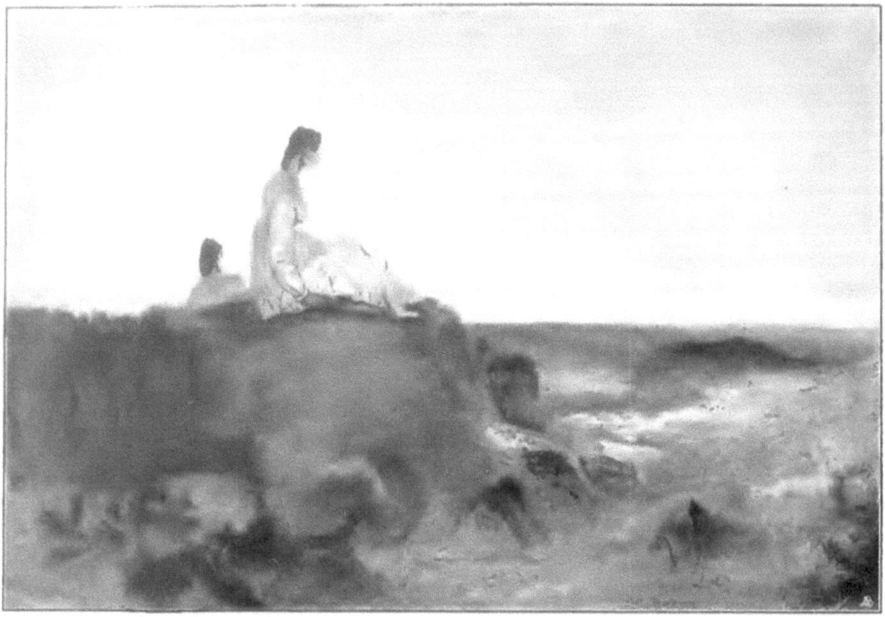

BLECHEN. Mädchen am Strande.

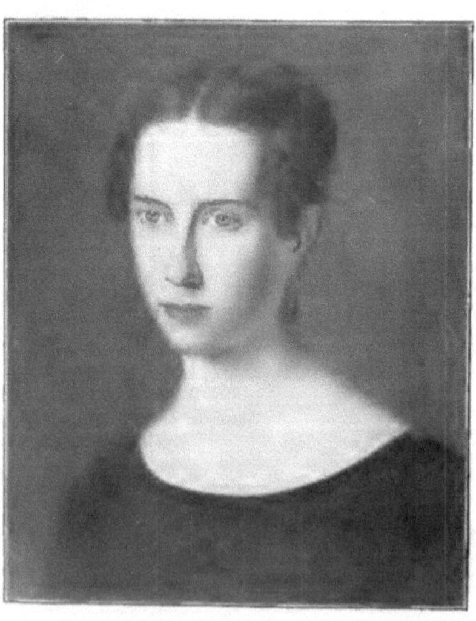

UNBEKANNTER MEISTER. Frau Justizrat Welcker (1818).

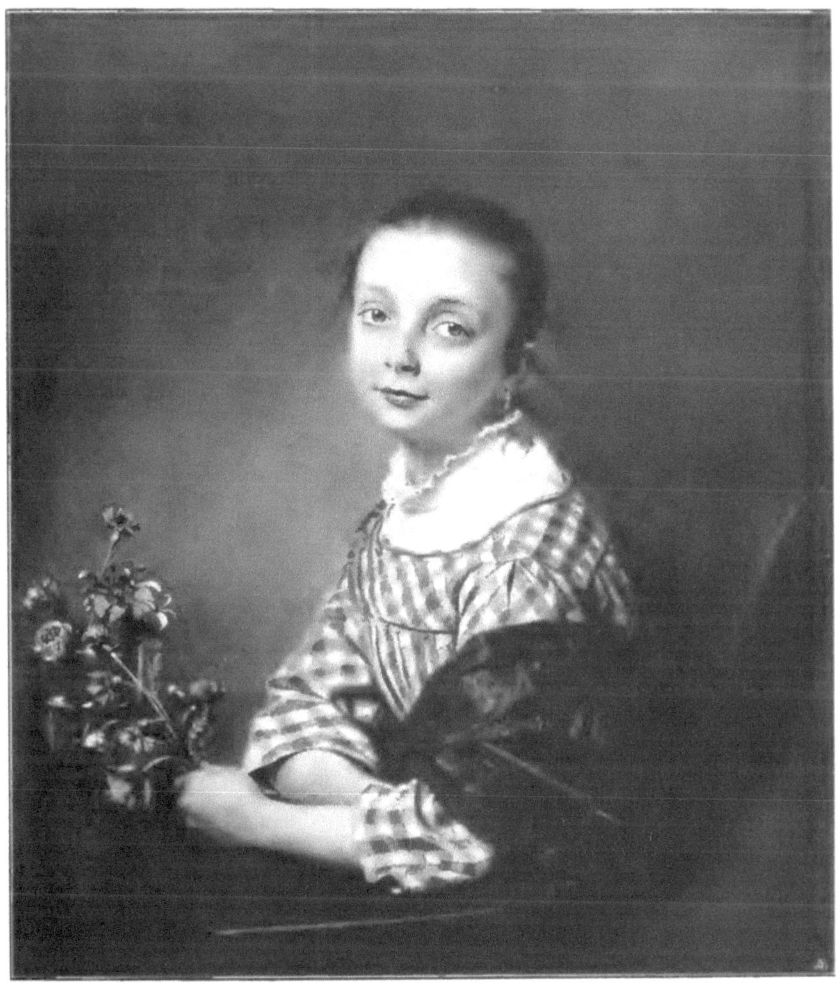

<table>
<tr><td>KRÜGER.</td><td style="text-align:right">Junges Mädchen mit Blumen (1848).</td></tr>
</table>

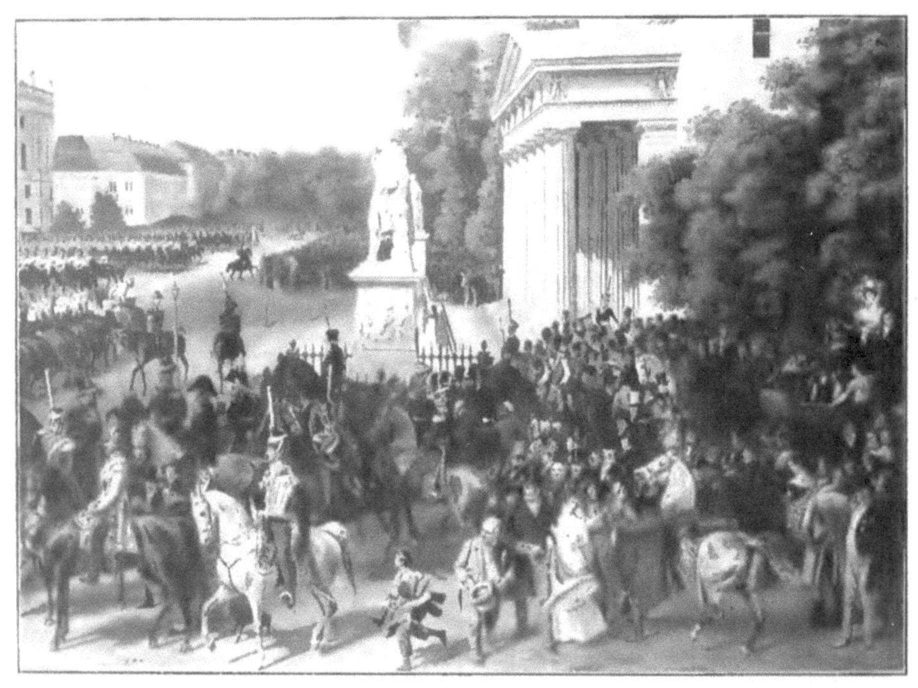

KRÜGER.   Parade auf dem Opernplatze (Ausschnitt) (1839).

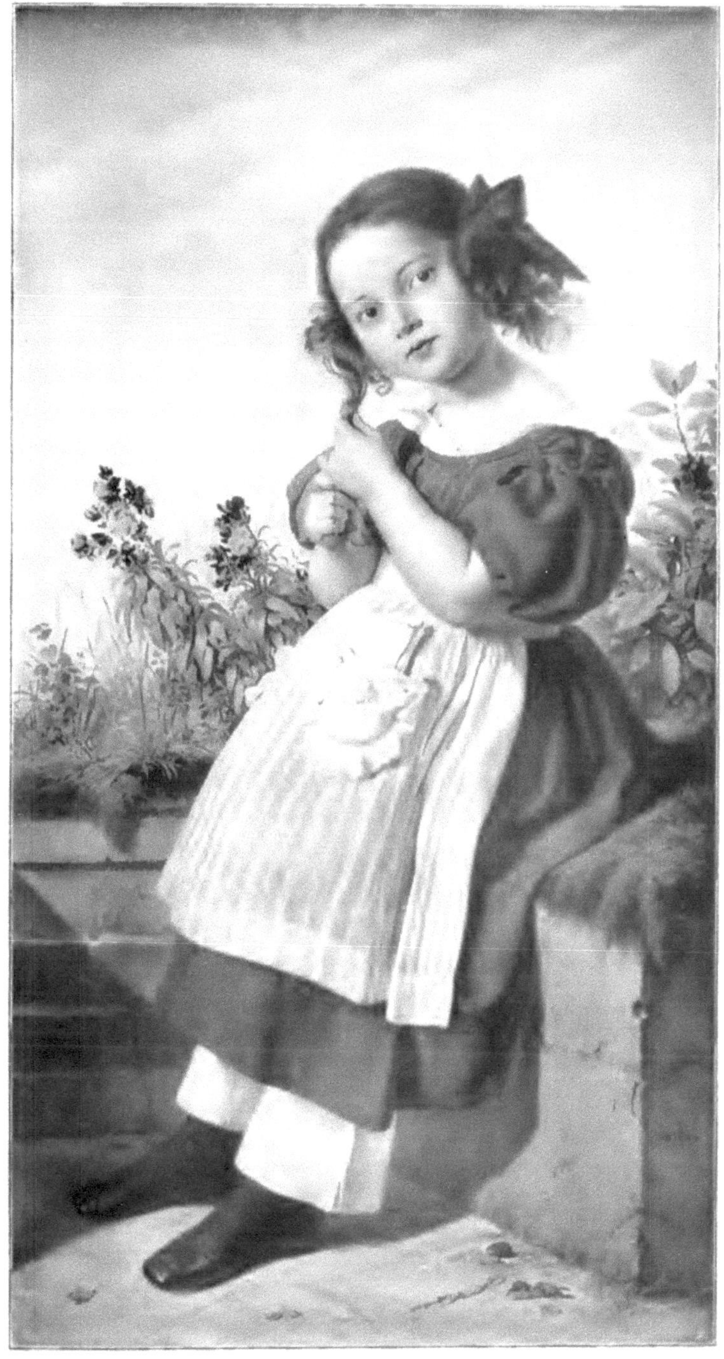

HÜBNER.
Mädchenbildnis (1834).

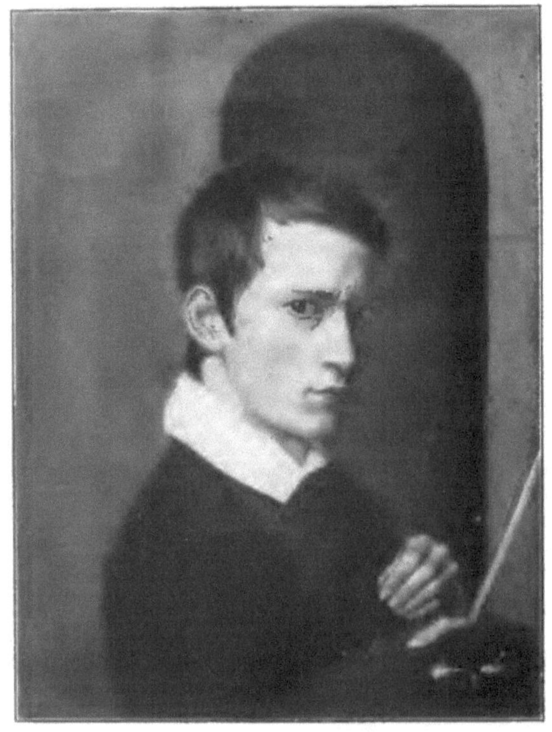

OLDACH.   Selbstbildnis (1820).

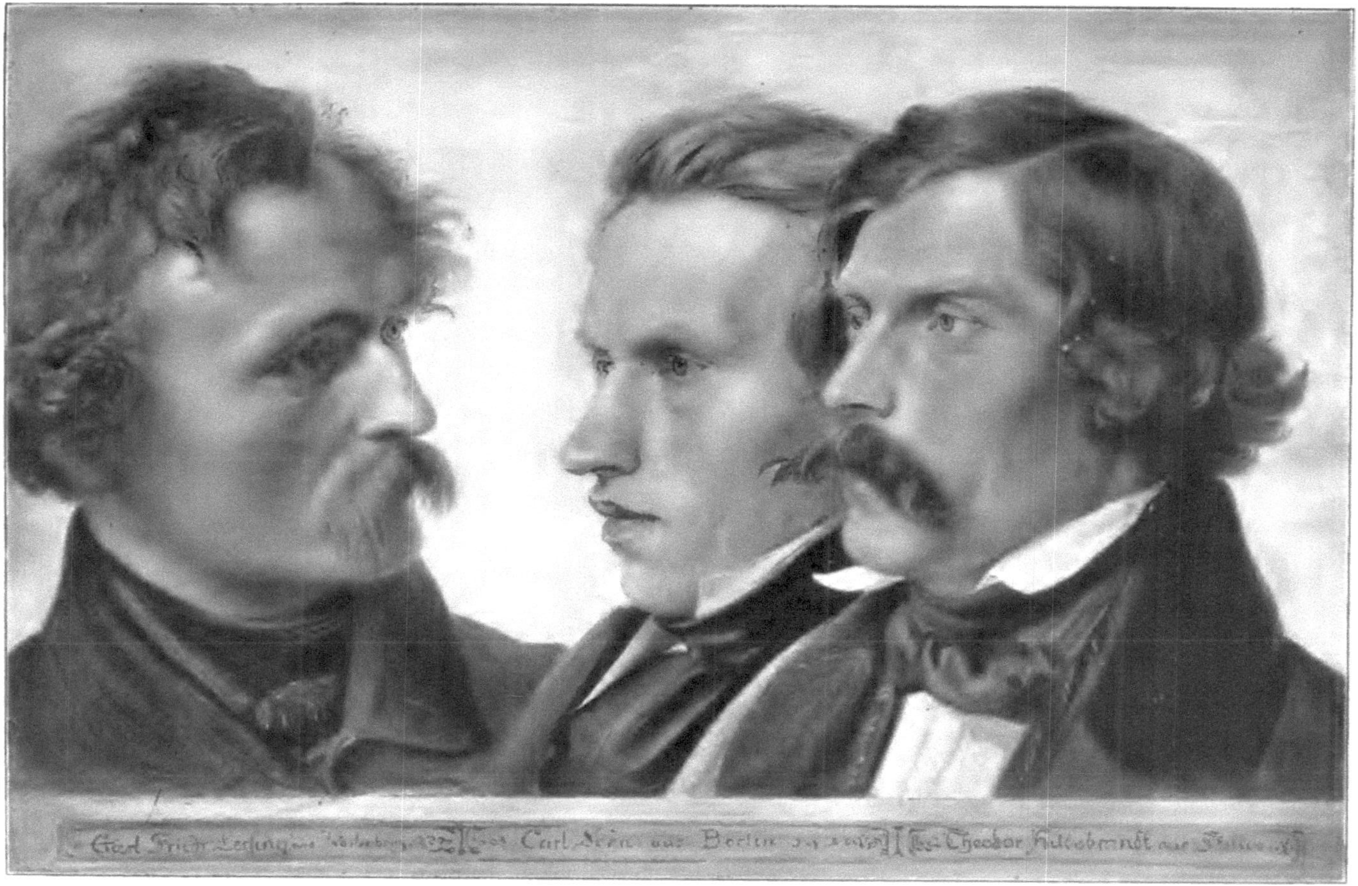

HÜBNER. Drei Malerköpfe (1839).

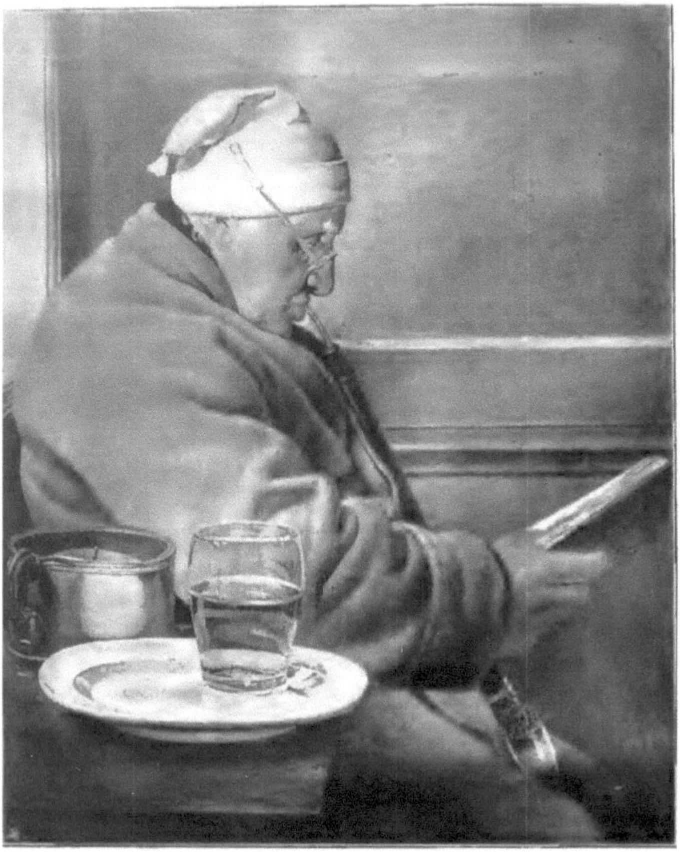

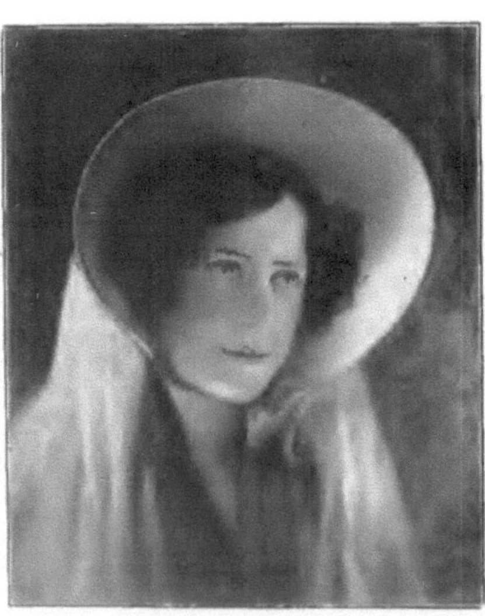

Angeblich OLDACH. Der alte Müller. (Um 1828).

AMERLING. Die Braut des Künstlers (1832).

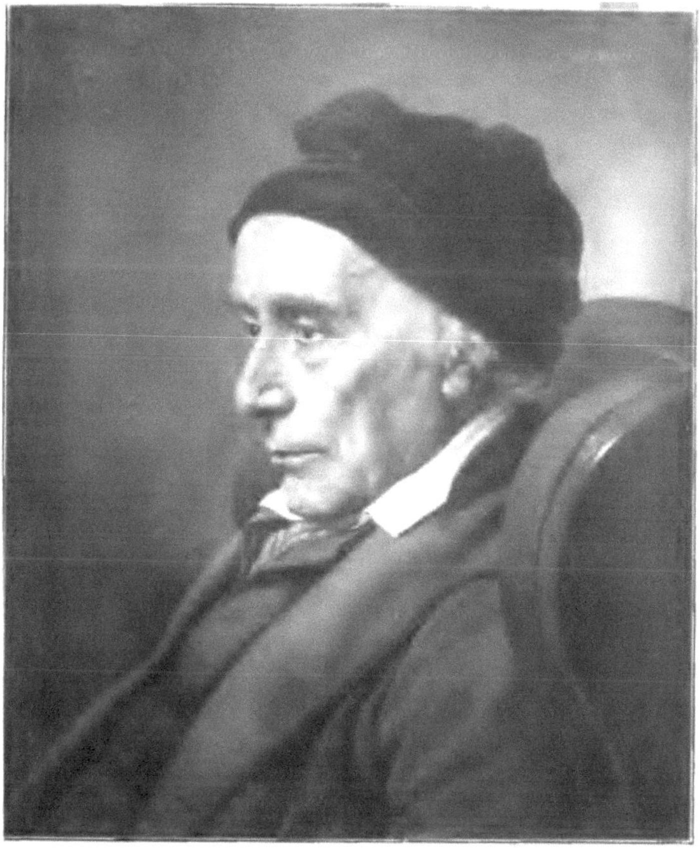

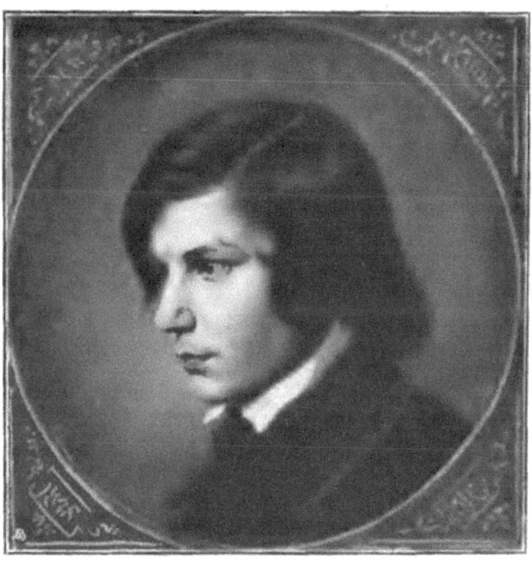

HÜBNER.   Stadtrat Friedländer (1833).

HÜBNER.   Bildnis eines jungen Mannes (1845).

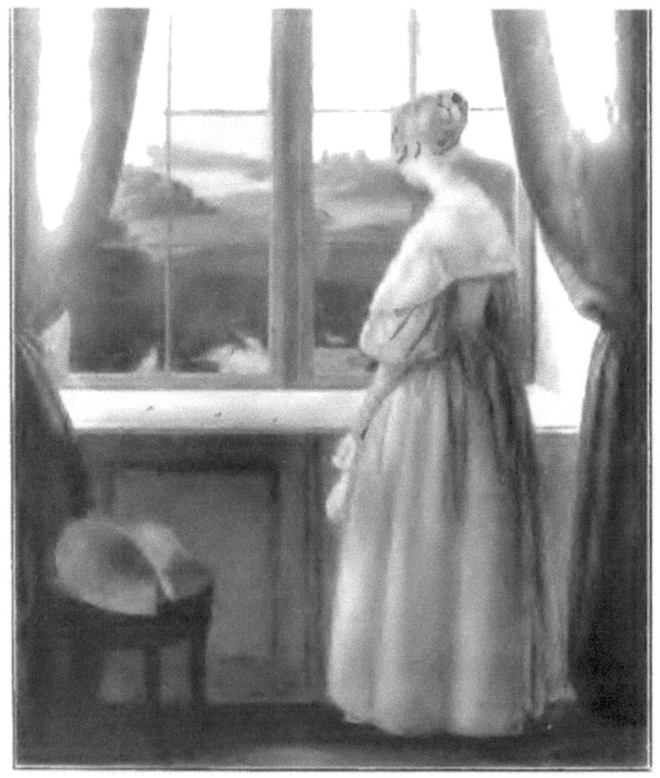

LOUISE HENRY.   Riekchen Grade am Fenster (1835).

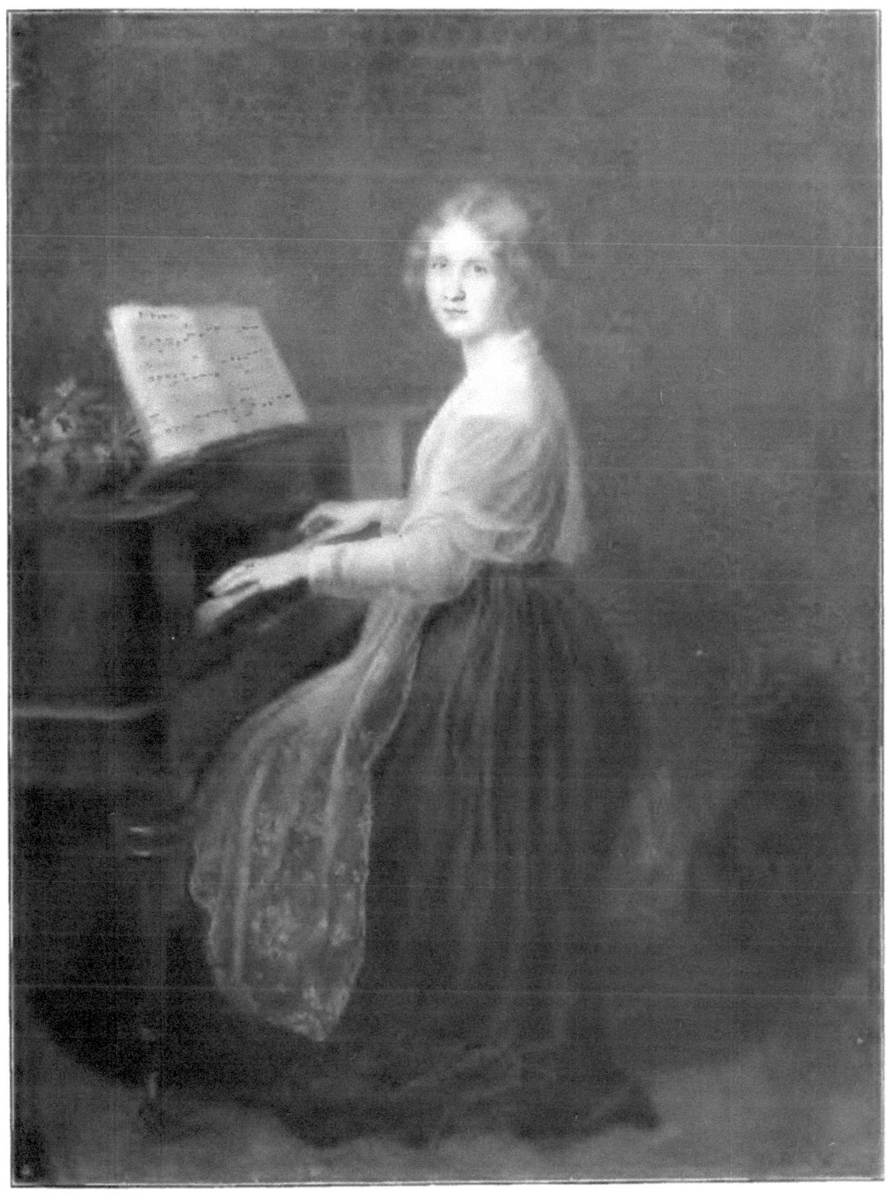

Jenny Lind (1845).

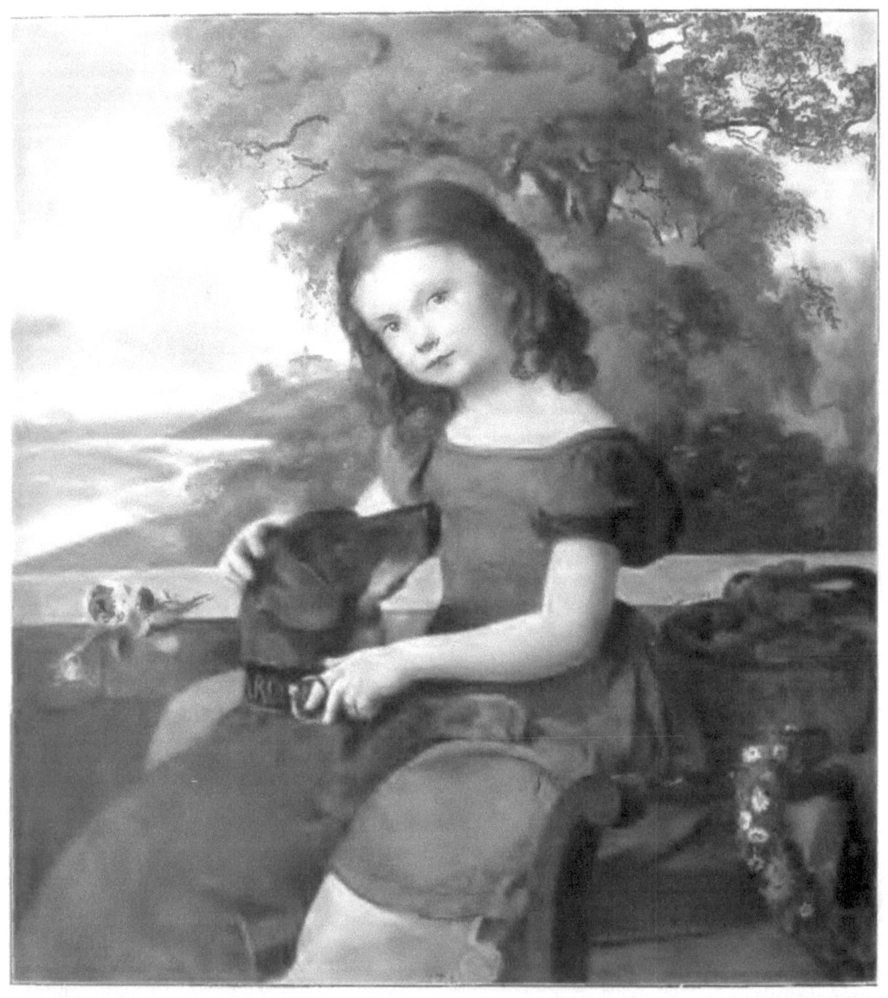

BRANDES. Frau Hausmann als Kind (1828).

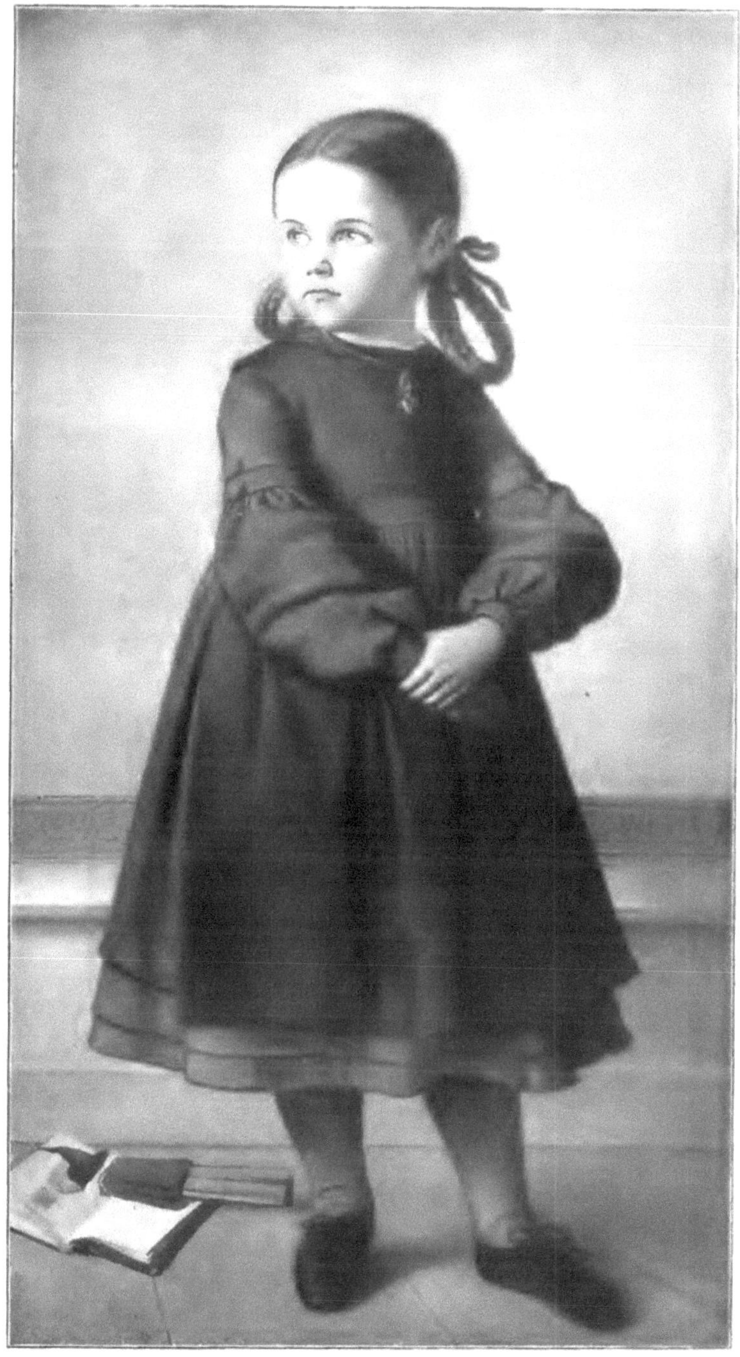

STEINLE.   Das Töchterchen des Künstlers.

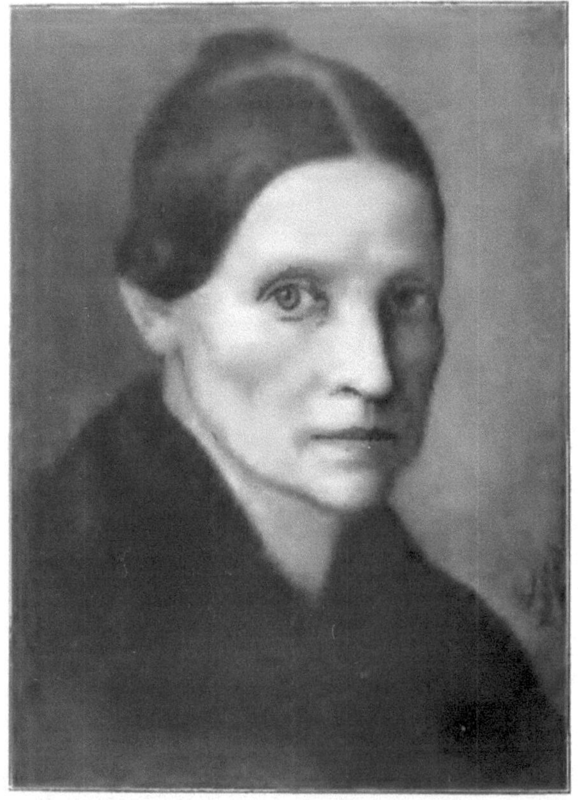

NIEDERÉE.   Die Mutter des Künstlers (1850).

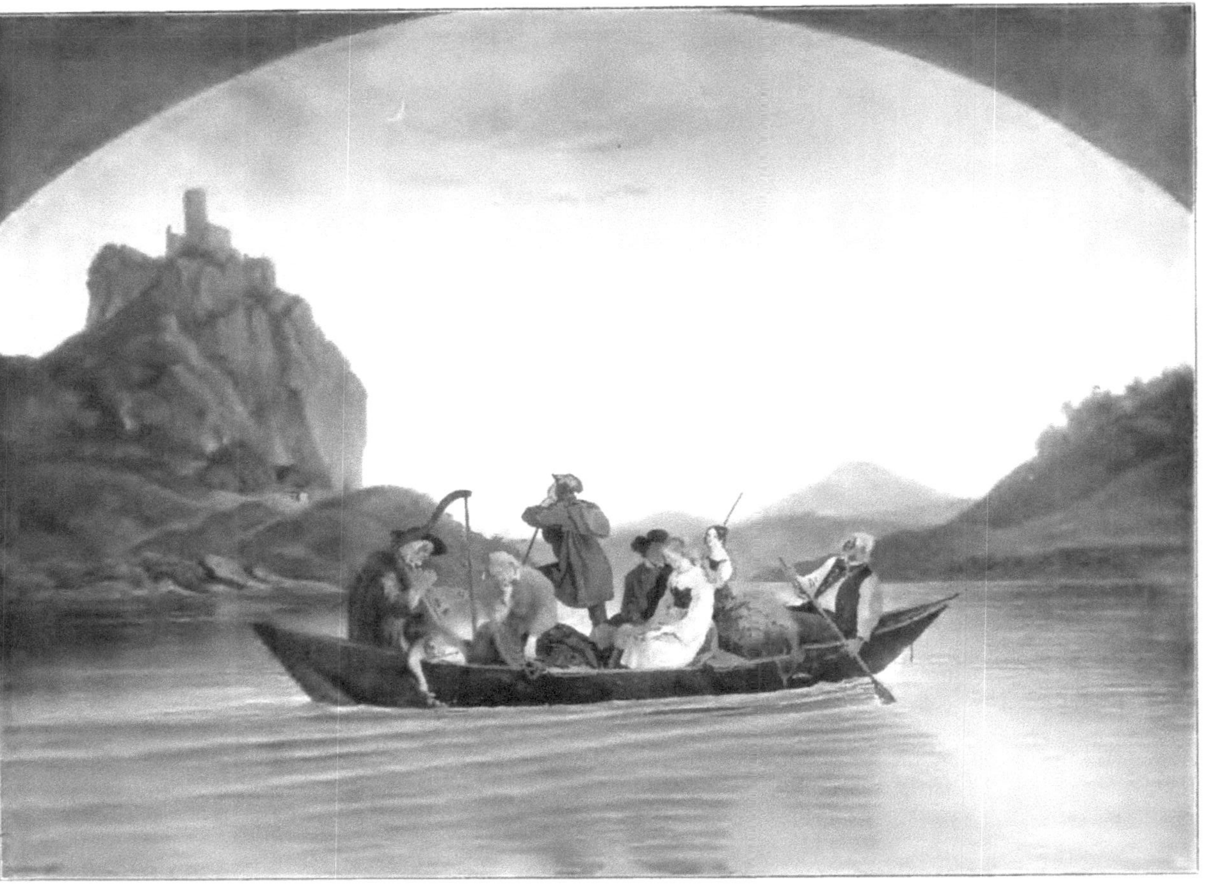

RICHTER.   Überfahrt am Schreckenstein (1837).

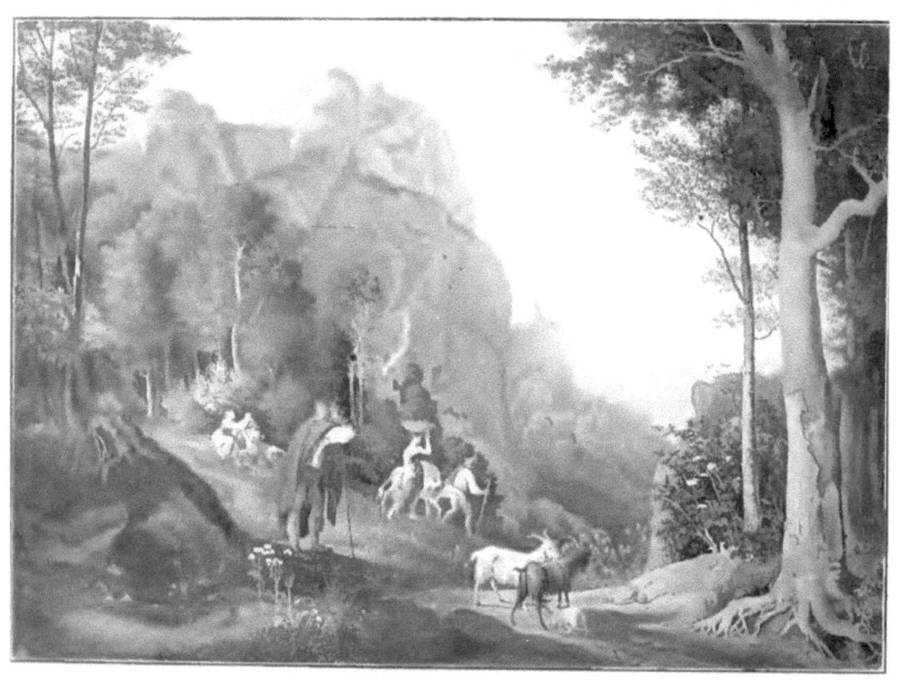

RICHTER.
Blick ins Tal von Amalfi (1826).

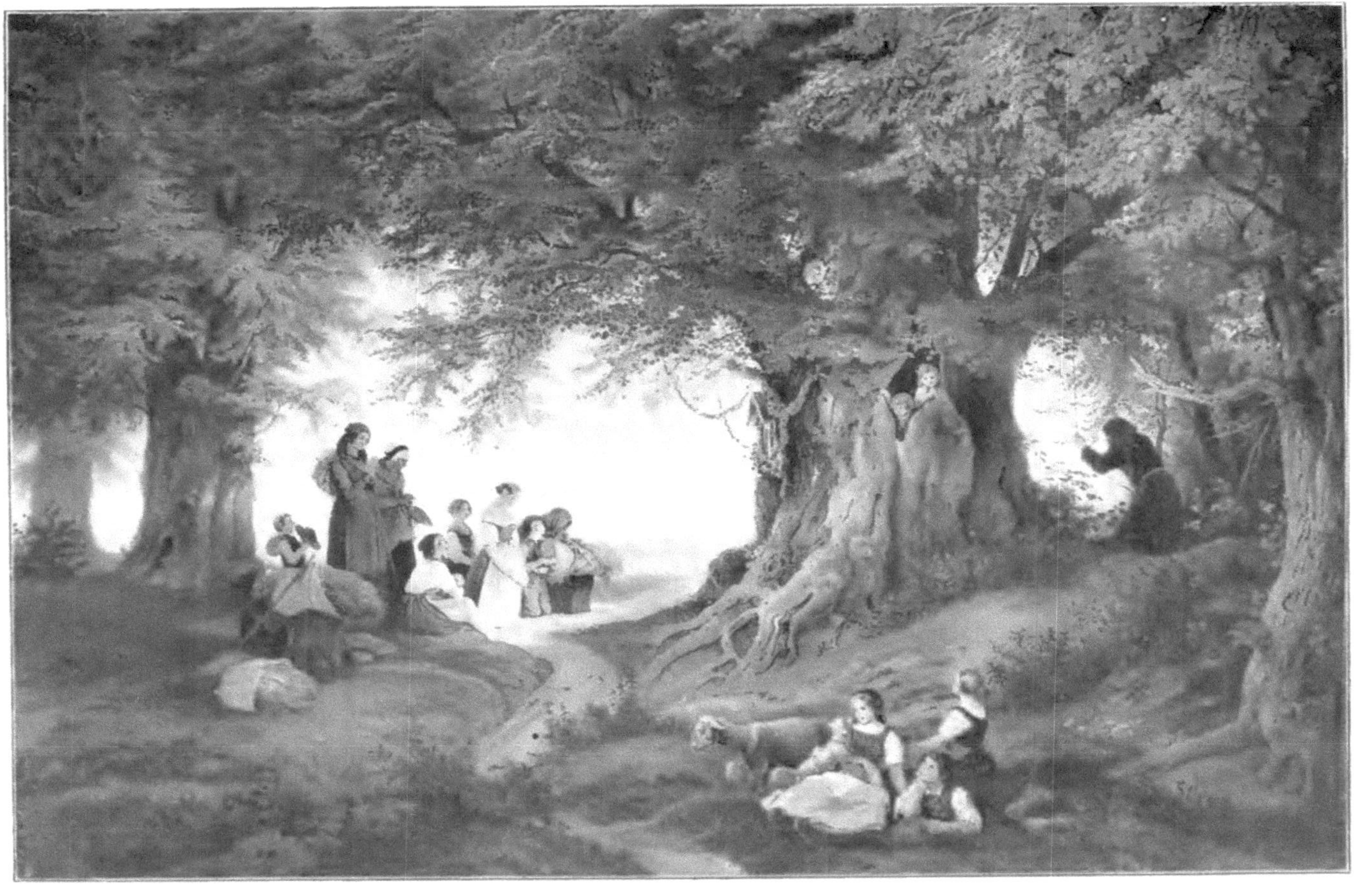

RICHTER.

Abendandacht am Walde (1812).

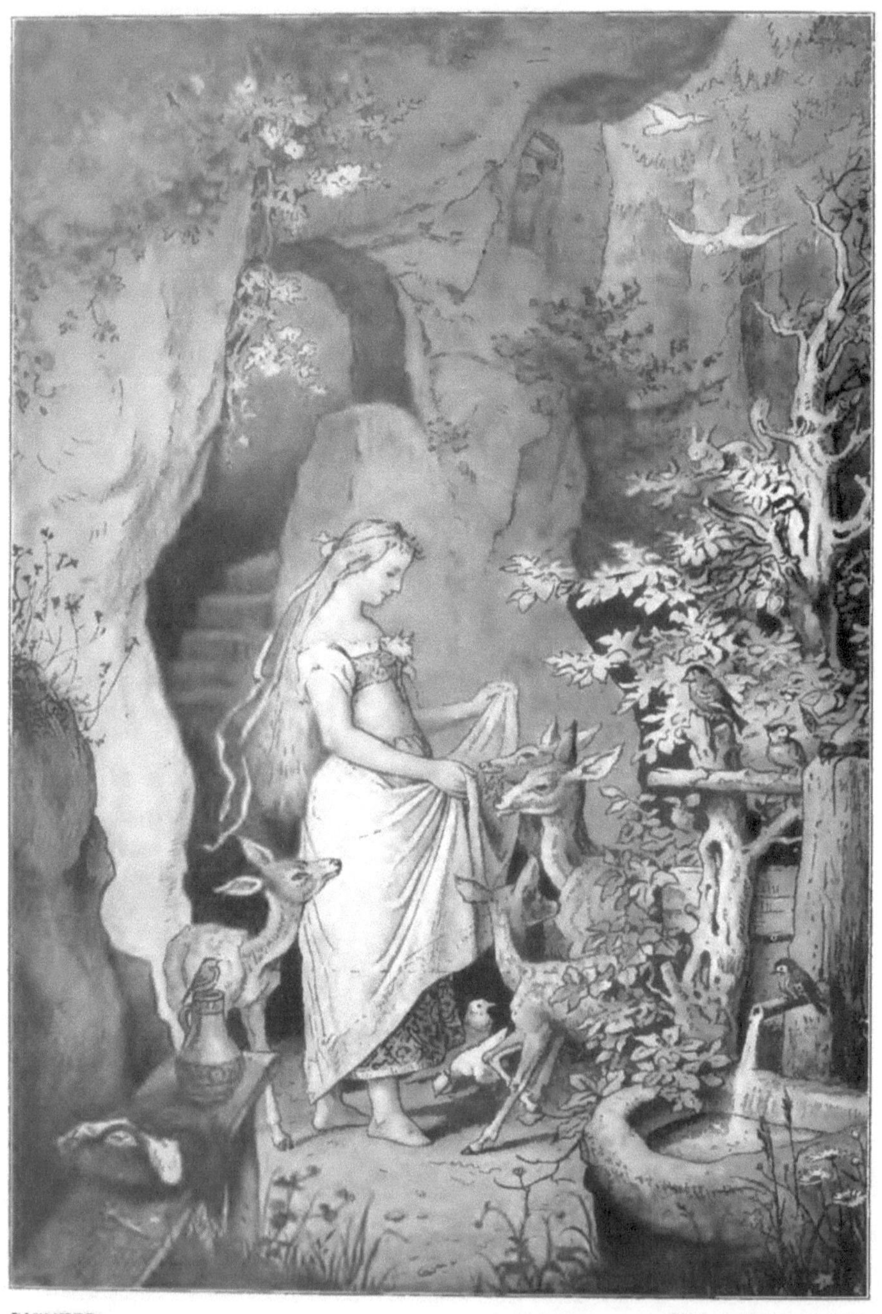

Schneewittchen (1870).

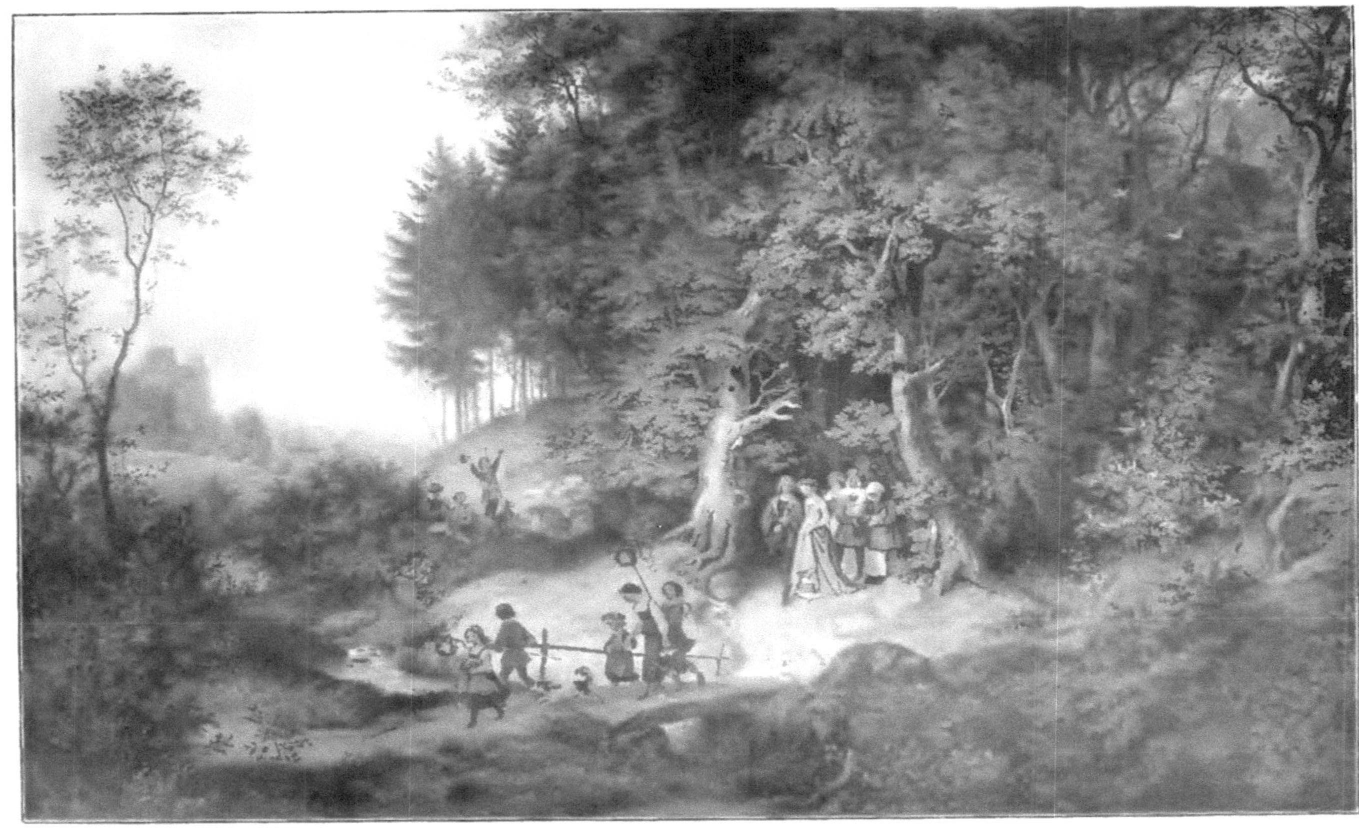

RICHTER.

Brautzug im Frühling (1847)

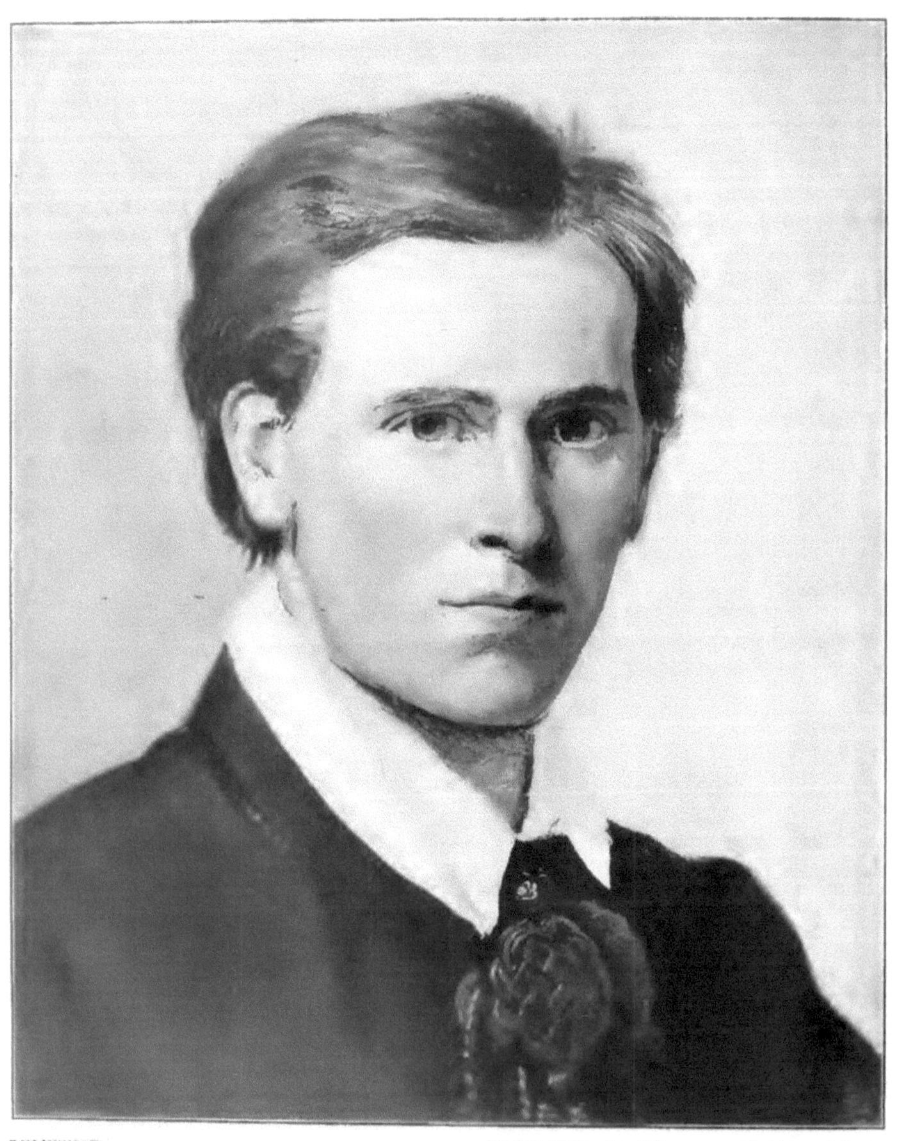

SCHWIND. Selbstbildnis im Alter von 18 Jahren (1822).

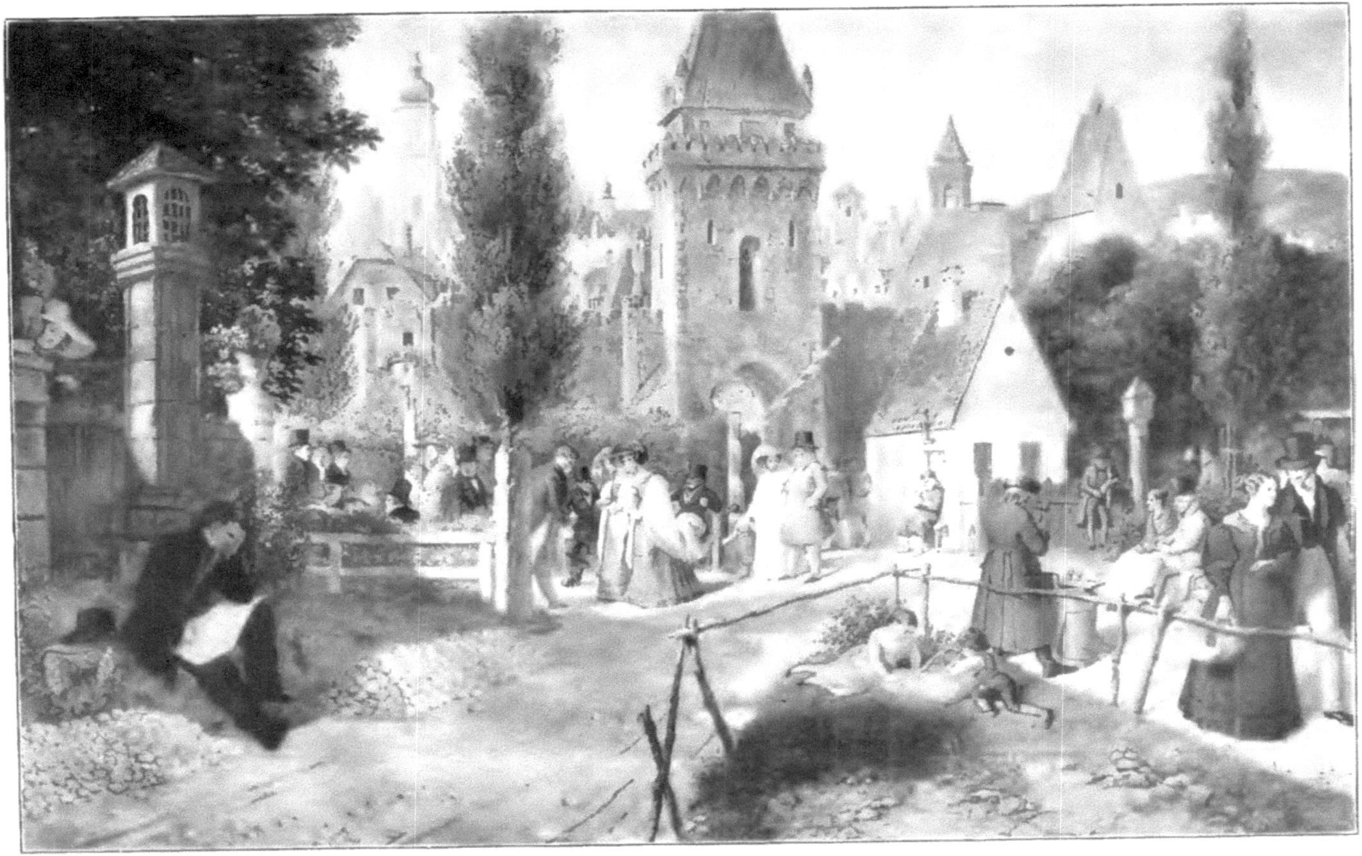

SCHWIND

Der Spaziergang (1827).

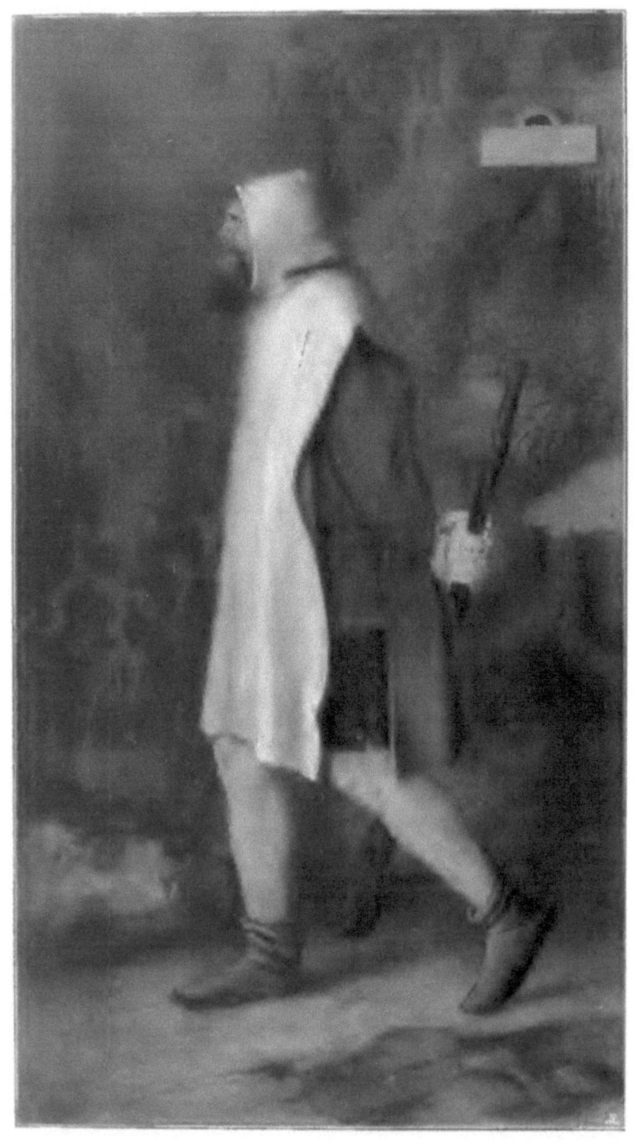

SCHWIND.   Rübezahl. (Erste Fassung 1831).

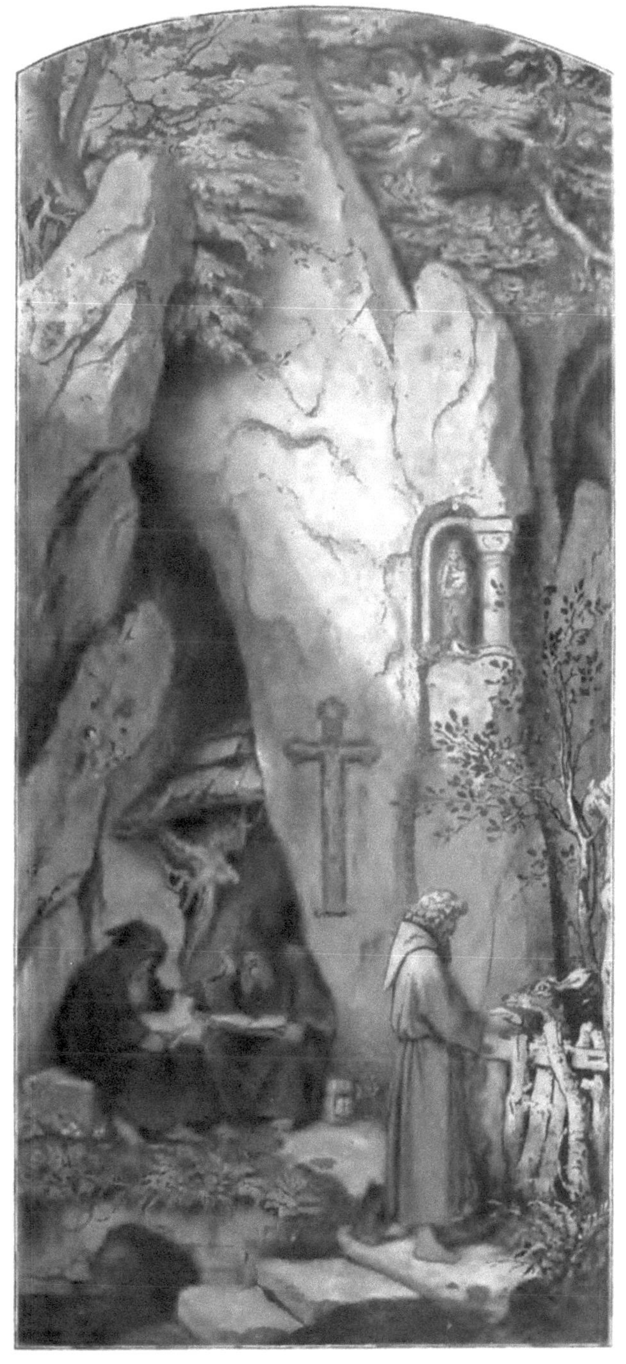

SCHWIND. Die drei Einsiedler (1860).

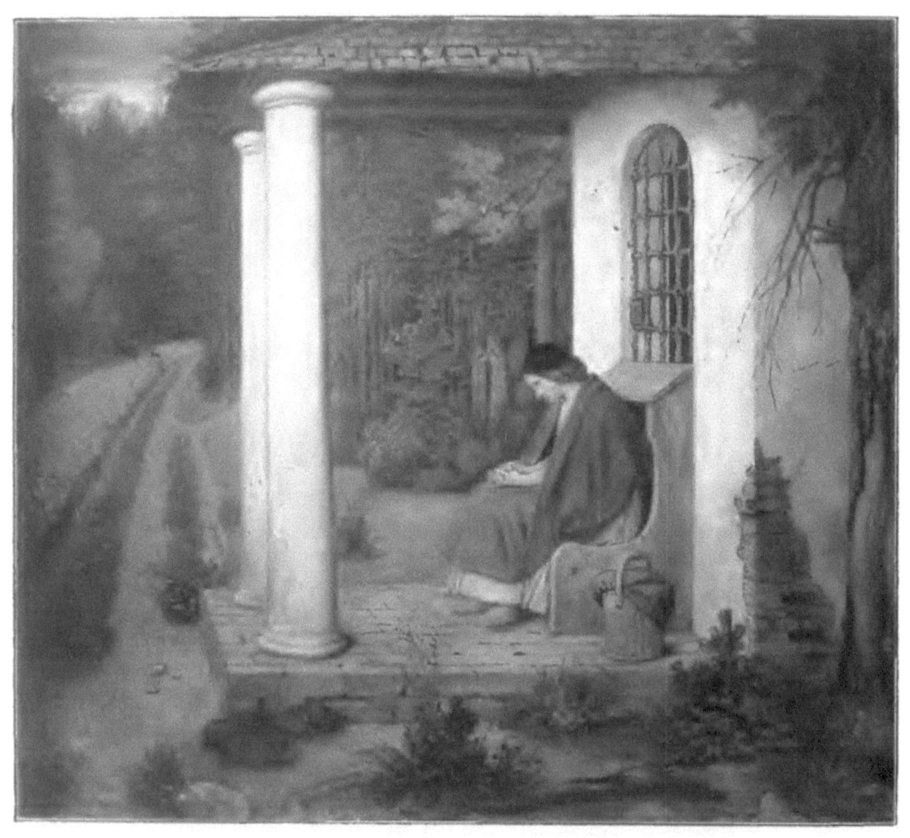

SCHWIND.   Die Kapelle im Walde (1858).

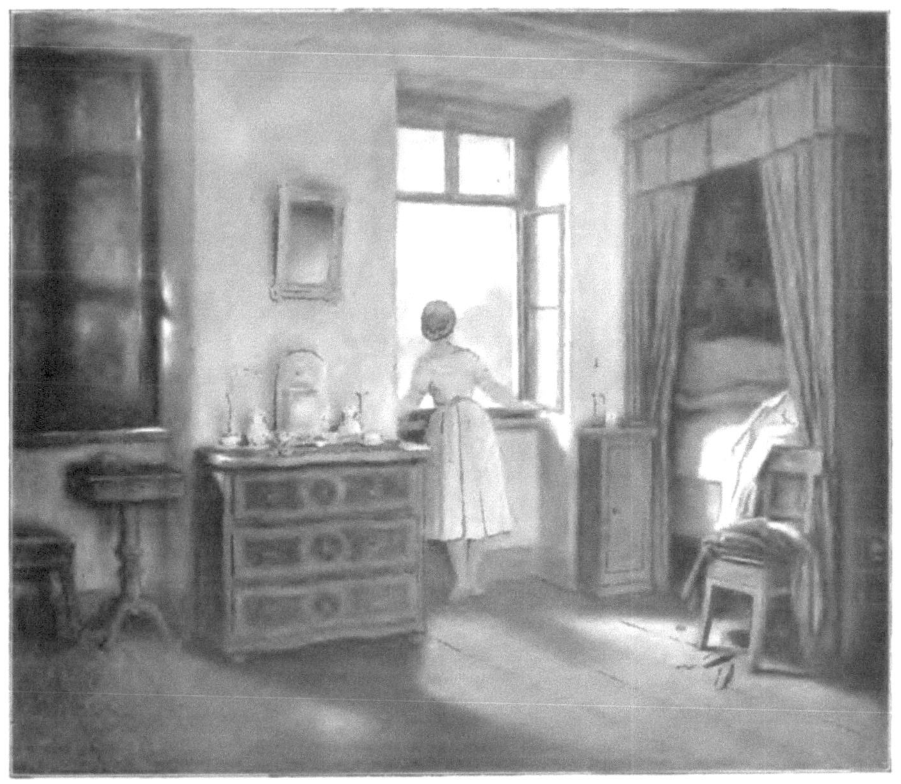

SCHWIND.   Morgensonne (1858).

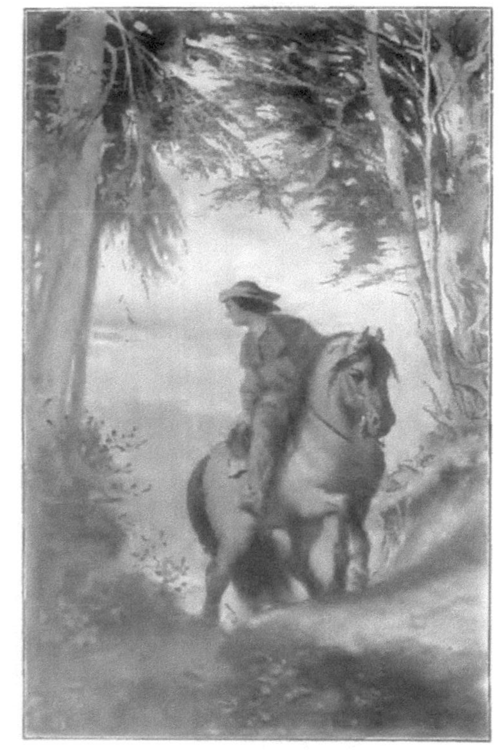

SCHWIND. Reiter ins Tal zurückblickend. (Nach 1860).

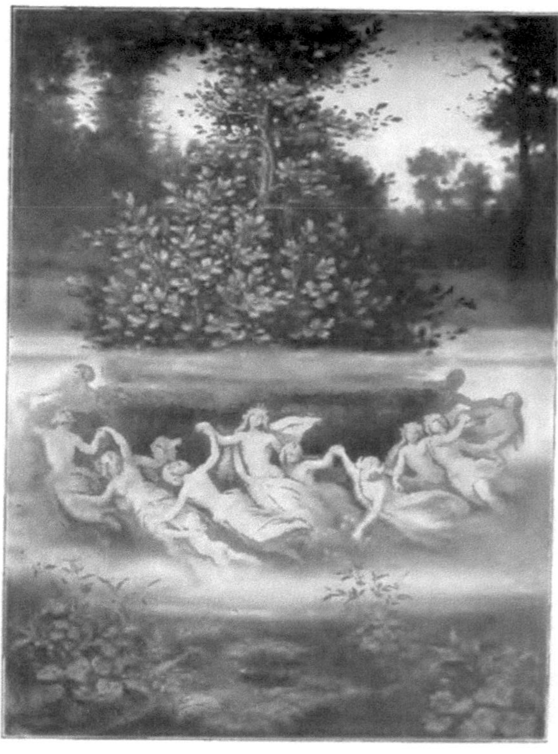

SCHWIND. Elfentanz. (Nach 1844).

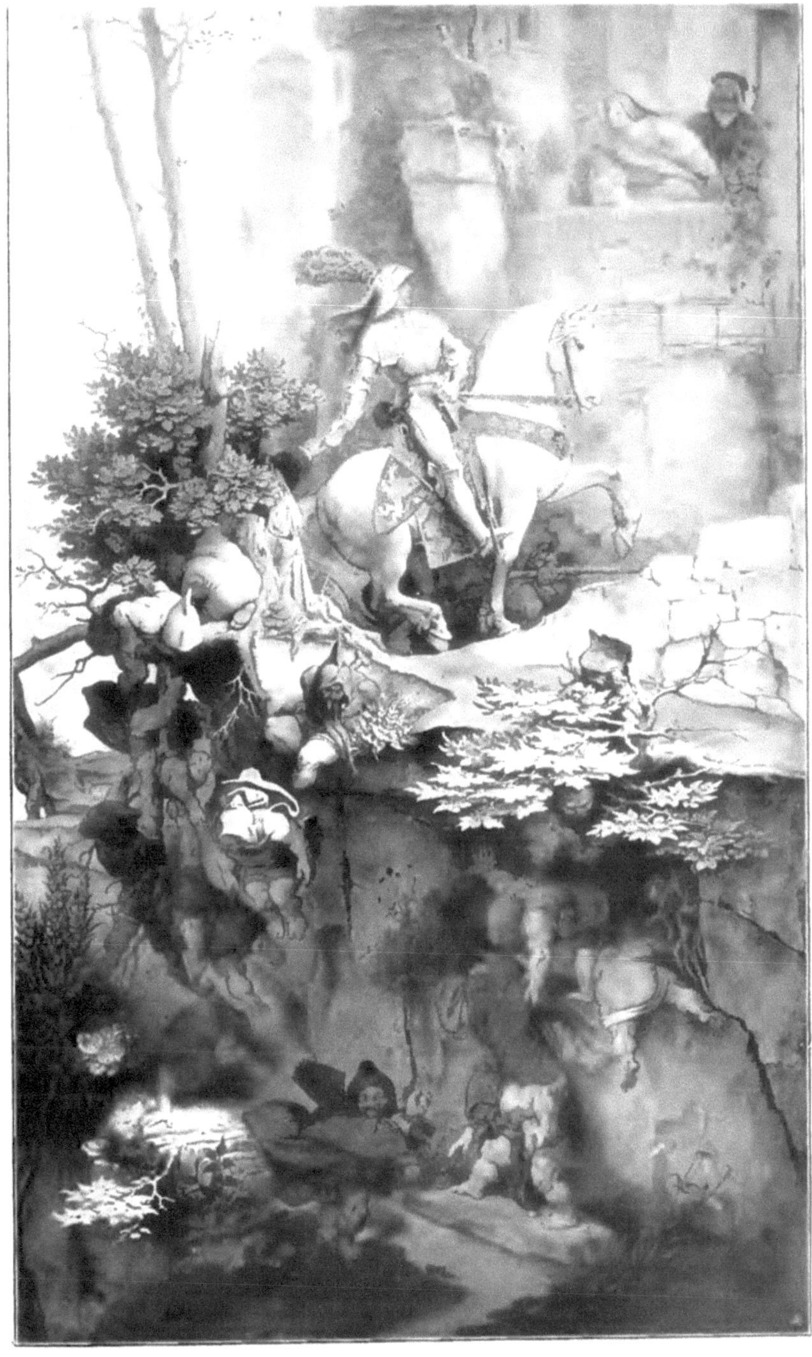

SCHWIND.   Der Falkensteiner Ritt (1843 1844).

73

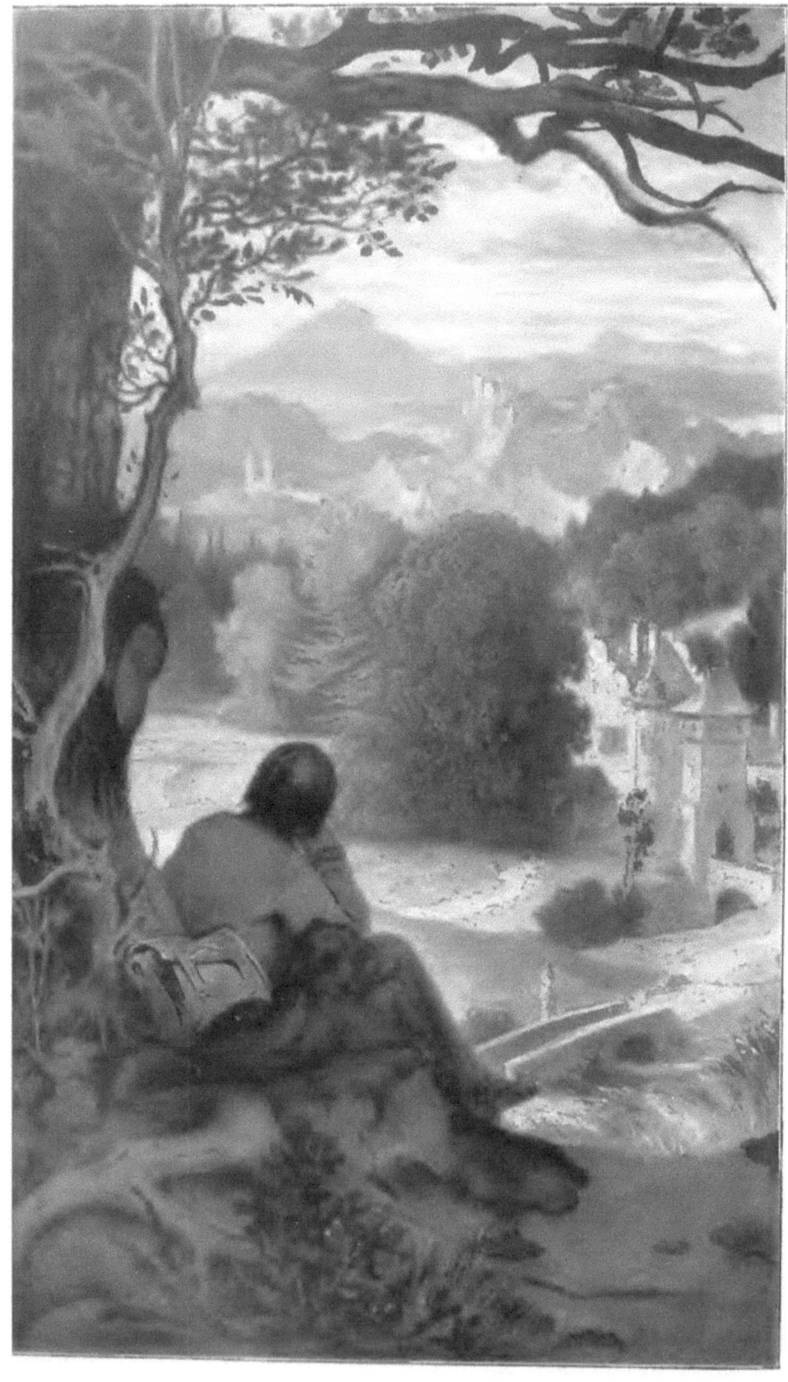

SCHWIND.   Ein Wanderer blickt in die Landschaft. (Nach 1860).

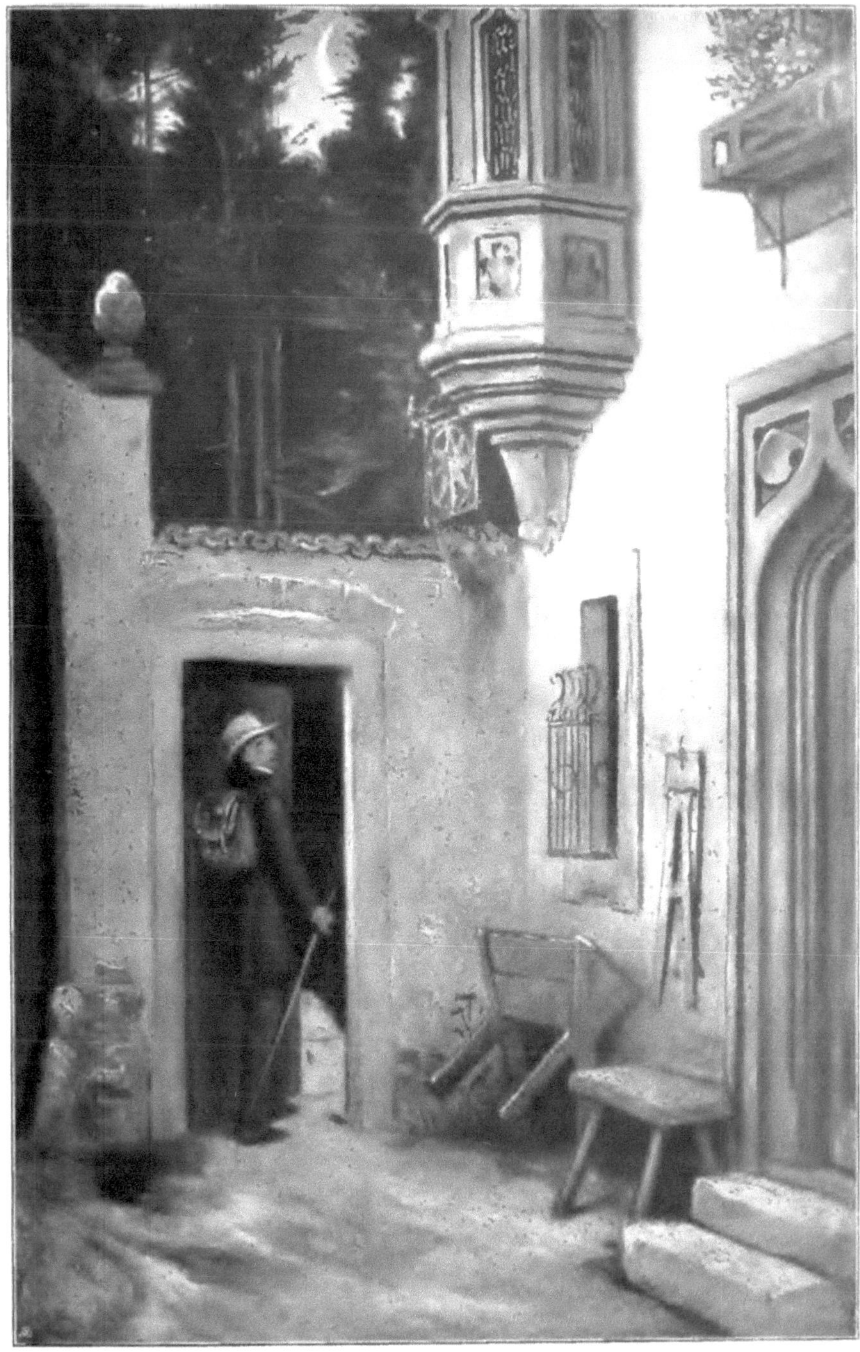

SCHWIND.   Abschied im Morgengrauen (1859).

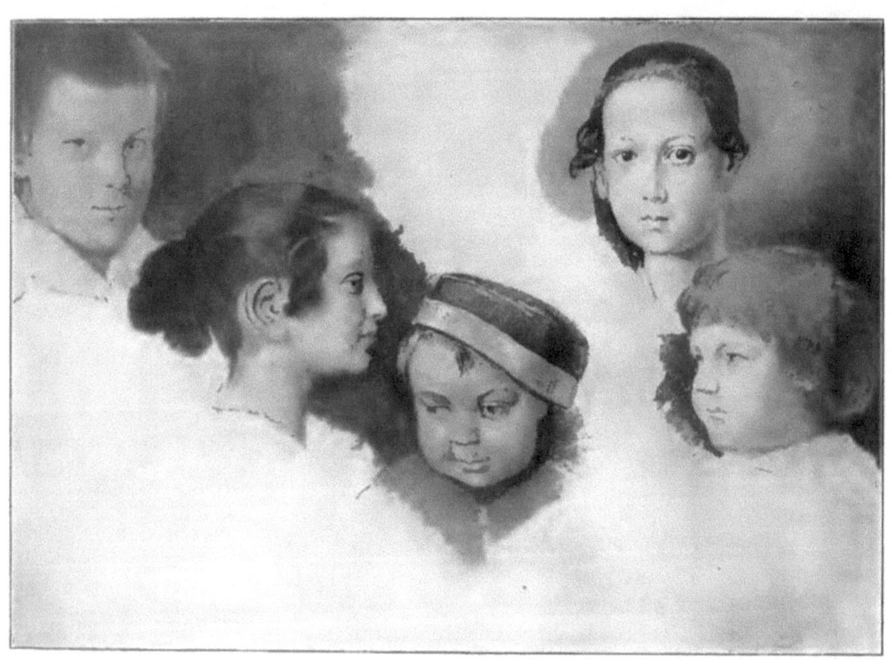

SCHWIND. Köpfe der Kinder Schnorr von Carolsfeld's (1839 oder 1840).

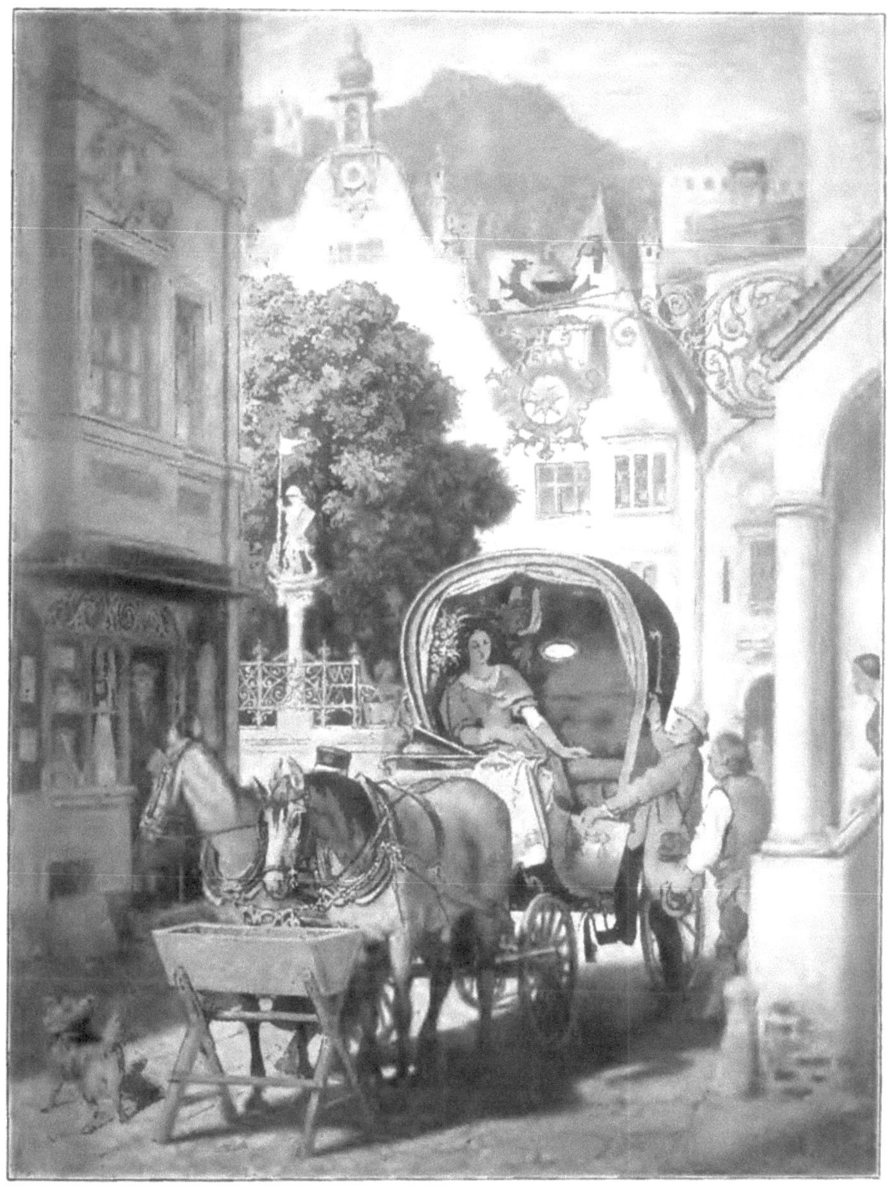

SCHWIND.   Die Hochzeitsreise. (Um 1862).

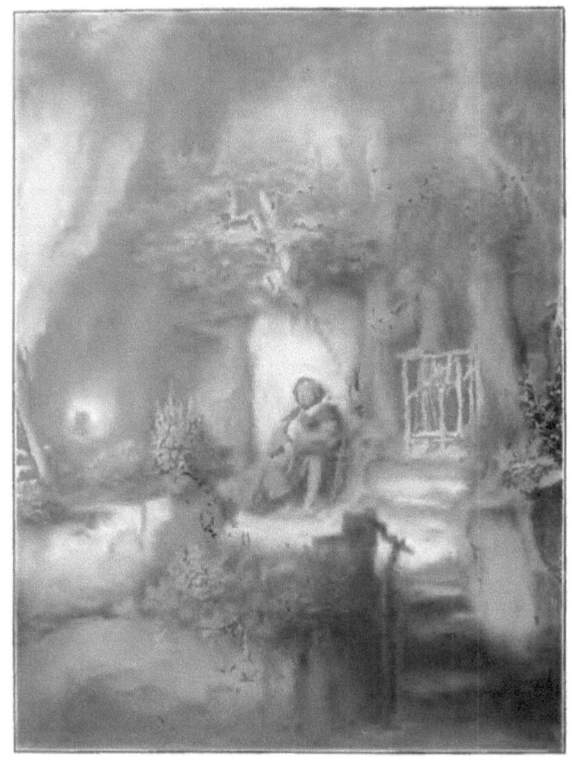

SCHWIND.   Spielmann beim Einsiedel. (Um 1846).

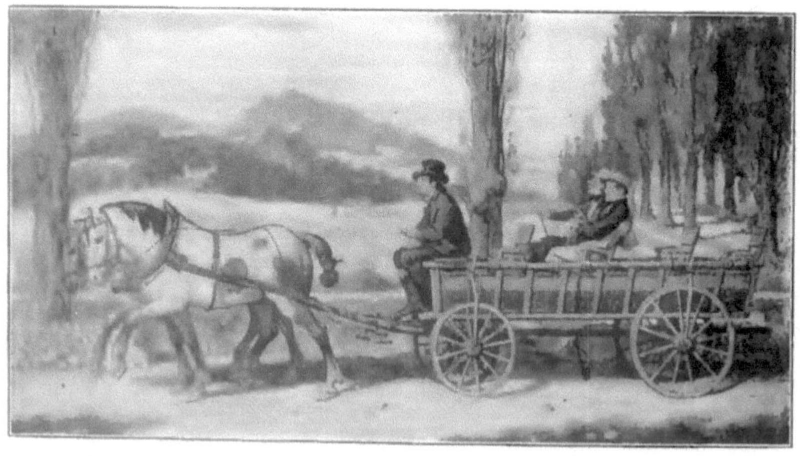

SCHWIND.   Die Spazierfahrt. (Um 1860).

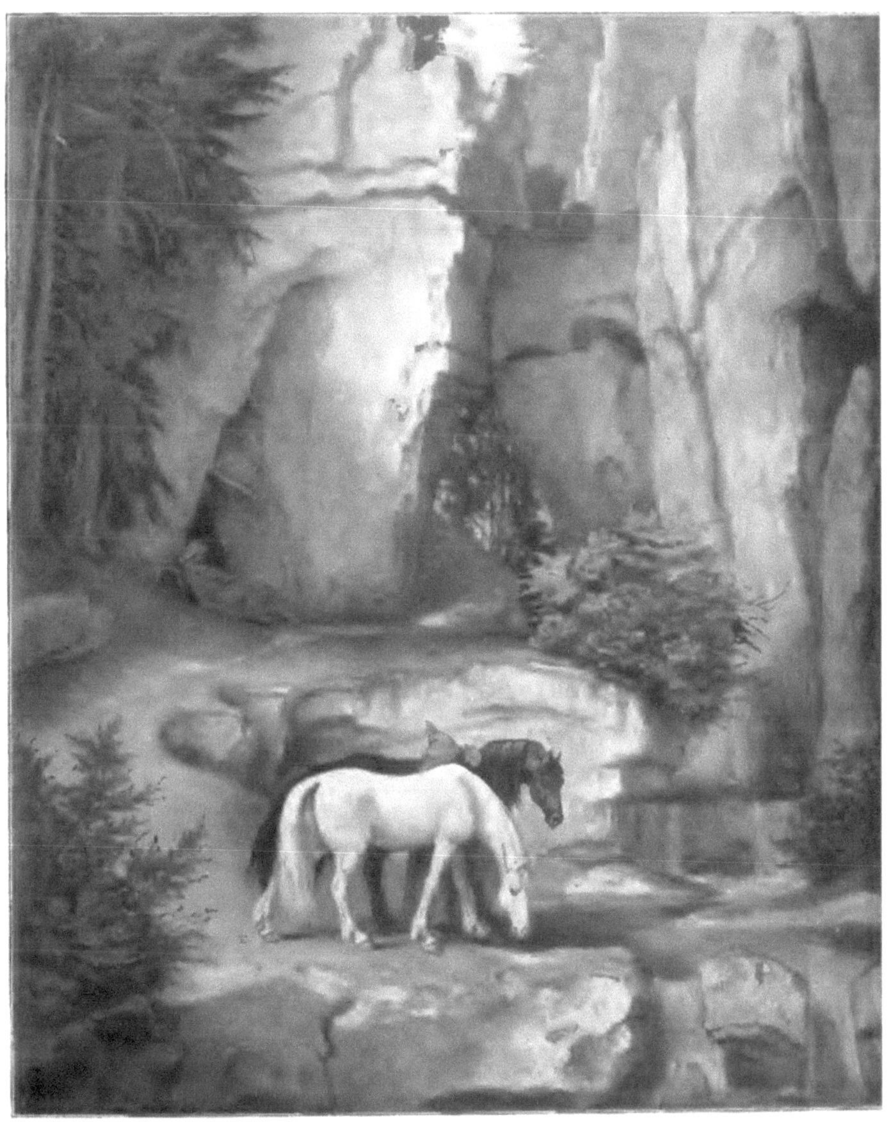

SCHWIND.   Einsiedler, die Rosse des Ritters tränkend. (Nach 1860)

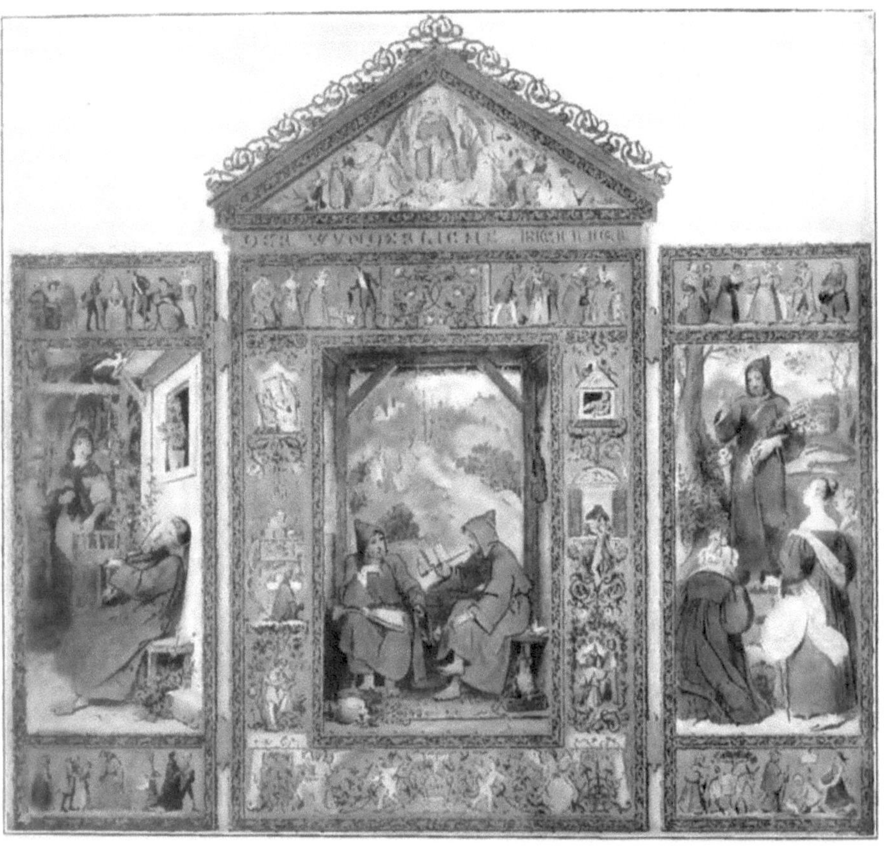

SCHWIND. Der wunderliche Heilige. (Erste Fassung 1835).

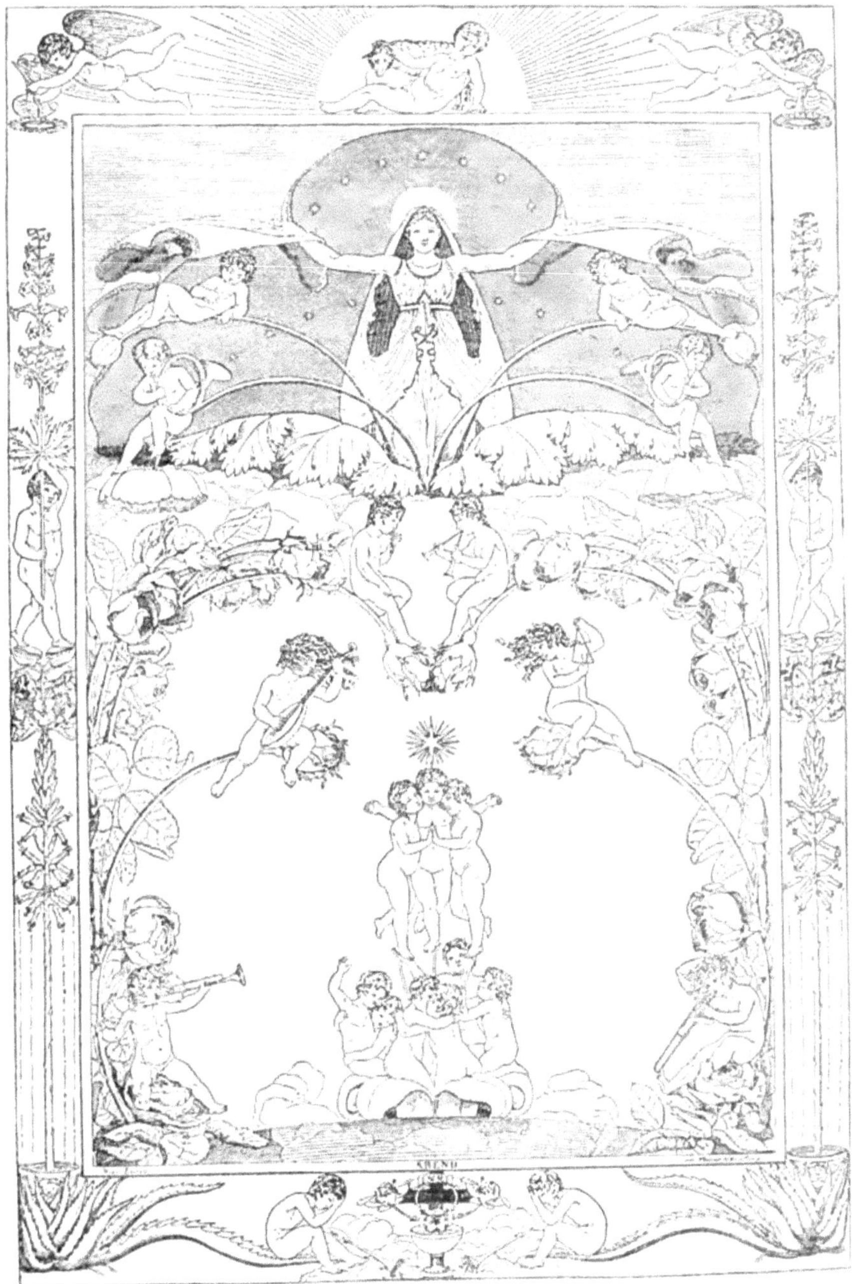

PH. O. RUNGE. Stahlstich-Ausgabe der „Tageszeiten" III. Blatt: Der Abend.

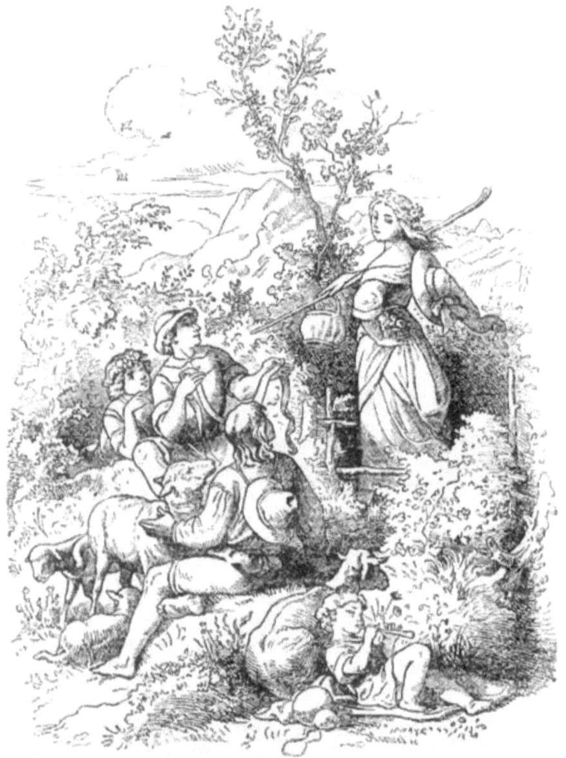

Richter.

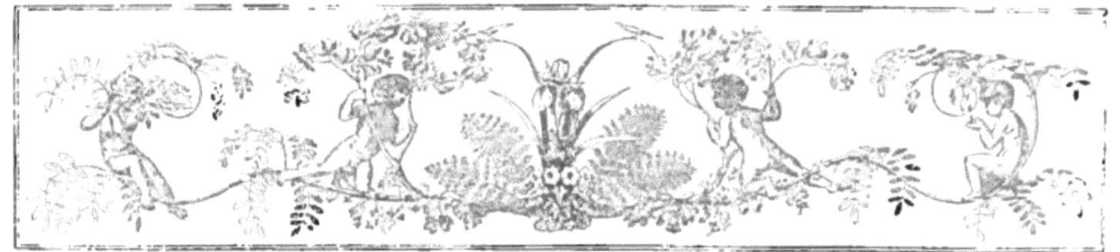

RUNGE, DAS NACHTIGALLENGEBÜSCH.

Verzeichnis der Künstler und der aufgenommenen Bilder

AMERLING, Friedrich von, geboren 1803 in Wien, gestorben 1887 daselbst. Kürzere Zeit in Italien, sonst namentlich in Wien tätig.

Die Braut des Künstlers. Tafel 54. 1832. Br. 0,37, H. 0,46. Besitzerin: Gräfin Hoyos-Amerling in Wien.

ASHER, Julius Louis, geboren 1804 in Hamburg, gestorben 1878 ebendort. Tätig in Italien und Hamburg.

Bildnis der Jenny Lind. Tafel 57. 1845. Br. 0,74, H. 0,97. Nationalmuseum, Stockholm.

BEGAS, Karl, der Ältere, geboren 1794 in Heinsberg bei Aachen, gestorben 1854 in Berlin. Tätig in Paris, Italien, Berlin.

Die Eltern des Künstlers. Tafel 44. 1821. Br. 0,80, H. 0,39. Nationalgalerie, Berlin.

Die Familie Begas. Tafel 44. 1822. Br. 0,85, H. 0,75. Wallraf-Richartz-Museum, Köln.

BLECHEN, Karl, geboren 1798 in Kottbus, gestorben 1840 in Berlin. Kurze Zeit in Italien, sonst in Berlin tätig.

Blick auf Gärten und Häuser. Tafel 46. Skizze. Br. 0,25, H. 0,19. Nationalgalerie, Berlin.

Mädchen am Strande. Tafel 48. Br. 0,59, H. 0,38. Nationalgalerie, Berlin.

BRANDES, Georg Heinrich, geboren 1808 in Bortfeld in Braunschweig, gestorben 1868 in Braunschweig.

Frau Hausmann als Kind. Tafel 58. 1828. Br. 0,70, H. 0,70. Besitzerin: Frau Professor Blasius in Braunschweig.

DROLLING, Martin, der Ältere, geboren 1752 in Oberbergheim bei Kolmar, gestorben 1817 in Paris. Nur zuerst in Deutschland, später in Paris tätig.

Kücheninneres. Tafel 14. 1815. Br. 0,91, H. 0,66. Musée du Louvre, Paris.

FOHR, Karl Philipp, geboren 1795 in Heidelberg, gestorben 1818 in Rom. Tätig in München und Rom.

Romantische Landschaft. Tafel 15. 1875. Br. 1,33, H. 0,97. Großherzogliches Schloß, Darmstadt.

FRIEDRICH, Kaspar David, geboren 1774 in Greifswald, gestorben 1840 in Dresden. Tätig in Kopenhagen und Norddeutschland, vor allem in Dresden. Über Friedrichs Bedeutung für die Anfänge der deutschen Landschaftskunst im 19. Jahrhundert vergleiche die Einleitung.

Kreuz im Gebirge. Tafel 17. Altarbild. 1808. Br. 1,10, H. 1,14. Besitzer: Exzellenz Franz Graf von Thun und Hohenstein, Tetschen.

Park mit Aussicht ins freie Land. Tafel 18. 1811. Br. 0,70, H. 0,53. Villa Liegnitz in Erdmannsdorf.

Mädchen am Strande. Tafel 20. Um 1810. Br. 0,29, H. 0,21. Herzogliches Museum in Gotha.

Hünengrab im Schnee. Tafel 20. 1834—35. Br. 1,02, H. 0,72. Königliche Gemäldegalerie, Dresden.

Sonnenaufgang. Tafel 21. Wahrscheinlich vor 1808. Br. 0,29, H. 0,22. Besitzerin: Frau Johanna Friedrich in Greifswald. Jetzt Nationalgalerie, Berlin.

Landschaft. Tafel 21. 1820—1825. Br. 0,29, H. 0,20. Besitzer: Geheimrat Dr. Körte, Berlin.

Mondschein am Strande. Tafel 24. Sammlung des Baron Speck von Sternburg in Lützschena.

Riesengebirgslandschaft. Tafel 25. 1810. Br. 1,70, H. 1,08. Königl. Schloß, Wiesbaden.

Zwei Männer in Betrachtung des Mondes. Tafel 26. 1819/1820. Br. 0,44, H. 0,35. Königl. Gemäldegalerie in Dresden.

Frauengestalt im Atelierfenster des Künstlers. Tafel 27. Um 1818. Br. 0,32, H. 0,44. Nationalgalerie, Berlin. „Die Stimmung des kleinen Gemäldes mit der jugendlichen Gestalt, die, an das Fensterbrett gelehnt, aus dem geöffneten Fensterladen hinausschaut, ist noch inniger, noch ungeteilter, als die des Kerstingschen Bildes mit der jungen Stickerin. Es ist wohl des Künstlers Gemahlin, die da sinnend am Fenster des kahlen Ateliers steht. Draußen fließt die Elbe vorbei, das jenseitige Ufer begleitet den Blick begrenzend eine graugrüne hohe Pappelreihe, der nackte

Mast eines Kahnes hinterschneidet, wenig geneigt, die Fensterfächer.

Von oben, wo das schlanke, dünne Fensterkreuz sich klar gegen den weißbewölkten Himmel abzeichnet, fließt das Licht auf Nacken und Schultern der feinen Gestalt herab und spielt in grauen und violetten Tönen auf dem schlichten hochgegürteten Kleide.

Man meint aus der leichten Neigung des mit schwerer Flechtenkrone geschmückten Köpfchens, an der Stellung der Füße und an der Haltung der ganzen Gestalt den sanften, verlorenen Ausdruck des Gesichtes erraten zu können, der sich im unverwandten Anschauen vorüberfließenden Wassers so leicht einzustellen pflegt." (Vgl. „Die Freude" V. Band: „Deutsche Bildnisse vor hundert Jahren.")

Gebirgslandschaft. Harz oder Böhmen. Tafel 28. 1820. Br. 0,50, H. 0,36. Kunsthalle, Hamburg.

Wiesen bei Greifswald. Tafel 30. 1820 bis 1830. Br. 0,49, H. 0,35. Kunsthalle, Hamburg.

Sturzacker. Tafel 31. 1820—1830. Br. 0,46, H. 0,34. Kunsthalle, Hamburg.

Neubrandenburg bei Sonnenuntergang. Tafel 32. Um 1832. Br. 1,02, H. 0,72. Kunsthalle, Hamburg.

FÜHRICH, Joseph, Ritter von, geboren 1800 in Kratzau in Böhmen, gestorben 1876 in Wien. Tätig: Prag, Dresden, Wien, Rom.

Marias Gang über das Gebirge. Tafel 13. 1841. Br. 0,68, H. 0,51. Kunsthistorisches Hofmuseum, Wien.

GROEGER, Friedrich Karl, geboren 1766 in Ploen, gestorben 1838 in Hamburg. Tätig in Berlin und Hamburg.

Fräulein Lina Groeger. Tafel 16. Br. 0,53, H. 0,62. Kunsthalle, Hamburg.

HENRY, Louise, geborene Claude, gestorben 1839. Tätig in Berlin.

Rieckchen Grade am Fenster. Tafel 56. 1835. Br. 0,25, H. 0,31. Besitzer: Dr. Wichern in Wiesbaden.

HEUSS, Eduard von, geboren 1803 in Oggersheim in der Rheinpfalz, gestorben 1880 in Bodenheim bei Mainz. Tätig in Rom und Mainz.

Friedrich Overbeck. Tafel 11. Br. 0,74, H. 1,00. Nationalgalerie, Berlin.

HÜBNER, Julius, geboren 1806 zu Oels, gestorben 1882 in Loschwitz. Tätig in Berlin, Düsseldorf und Dresden.

Mädchenbildnis. Tafel 51. 1834. Br. 0,58, H. 1,21. Besitzerin: Frau Geheimrat Hübner in Berlin.

Drei Malerköpfe. Tafel 53. 1839. Br. 0,58, H. 0,38. Nationalgalerie in Berlin.

Stadtrat David Friedländer. Tafel 55. 1833. Br. 0,17, H. 0,56. Besitzer: Assessor K. Friedländer, Kottbus.

Bildnis eines jungen Mannes. Tafel 55. 1845. Br. 0,25, H. 0,25. Besitzer: Heinrich Hübner, Berlin.

KERSTING, Georg Friedrich, geboren 1783 in Güstrow, gestorben 1847 in Meißen. Tätig in Kopenhagen, Dresden, Meißen.

„Kerstings vor wenigen Jahren neu hervorgetretene Schöpfungen vermitteln uns die intimste Vorstellung von der äußeren Erscheinung des Lebens seiner Zeit; die ganze Zierlichkeit und Feinheit der Menschen, die die Formenreinheit von Goethes reifsten Dichtungen und zugleich den farbigen, tiefen Reichtum der Romane Jean Pauls lebendig und ohne Affektation empfanden, tritt uns hier vor Augen.

Das Bildchen mit der Stickerin führt uns in ein helles, freundliches Zimmer. Die Wände und die Decke sind zart meergrün getüncht, an der einen Breitwand hängt in glattem, goldenem Rechteckrahmen ein männliches Porträt, umsteckt mit mageren Windenzweigen. Auf einem steifen Sofa mit schmal grau und hellviolett gestreiftem Bezuge lehnt eine Guitarre mit hellblauem Band, dabei liegt ein weißes Notenheft. Vor dem Fenster, dessen einer Flügel aufgeschlagen ist, und auf dessen äußerem Bort in roten Blumentöpfen hellgrüne Gewächse blühen, sitzt das schlanke Mädchen mit durchscheinend schwarzer Schürze über dem hellen hochgegürteten Kleide. Vorn rechts fängt ein schmaler Spiegel über einer geradlinig steilen Kommode, auf der ein geflochtenes Arbeitskörbchen mit weißem Nähzeug steht, das Profil des Mädchens auf, dessen Gesicht uns nur in der zarten Verfeinerung des Spiegelbildes gezeigt wird. Man muß das so auffassen, und es wäre sicher nicht zutreffend, wenn man hier von gesuchter Künstelei sprechen wollte. Es ist dieselbe psychologische Feinheit, wenn Jean Paul seinen Quintus Fixlein die heimlich geliebte Thinette nur im Spiegel der Fensterscheibe bestaunen läßt. —

Das Mädchen ist Luise Seidler. Sie hat in einer einfachen treuen Selbstbiographie ihr Leben beschrieben. Als junges Mädchen lebte sie in Jena, in enger Freundschaft mit Minchen Herzlieb, der Goethe den Kranz seiner Sonette gewunden hat. Ein junger französischer Offizier, den der Krieg nach Jena geführt hatte, gewann ihr Herz, und nun erfuhr ihr junges Leben nach kurzer Zeit des Glückes den tiefen Schmerz, den nur das still in bescheidener Arbeit hingebrachte Leben beschwichtigen konnte. Der spanische Aufstand rief den Verlobten aus Deutschland zurück, monatelang bleibt jede Nachricht aus, bis endlich die Kunde, er sei gefallen, nach Jena gelangt. In der Verzweiflung klammert die selbst zu Tode Getroffene sich an ihr bis dahin nur spie-

IV

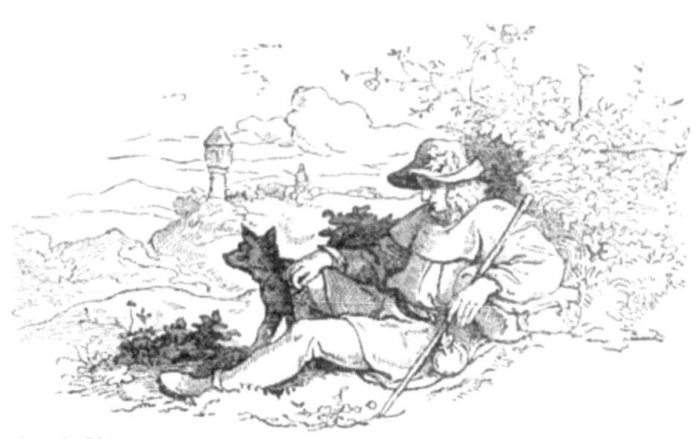

Ludwig Richter.

lend geübtes Talent: sie geht als Gerhard von Kügelgens Schülerin nach Dresden und lebt hier in bescheidener Zurückgezogenheit, bis durch einen Zufall Goethe auf sie aufmerksam wird und sich in väterlicher Teilnahme des tapferen Mädchens annimmt. Seitdem steht Goethe im Mittelpunkt ihrer Gedanken und ihres Lebens. Durch seine Vermittlung wird ihr ein herzogliches Reisestipendium nach Italien zuteil und später ist es wieder Goethe, durch den ihr die Verwaltung der Weimarer Gemäldesammlung übertragen wird. Hochbetagt ist sie in Weimar um die Mitte des Jahrhunderts gestorben.

Unser Bildchen ist in jenen ersten Dresdener Jahren gemalt, und Luise Seidler verdanken wir auch so gut wie alle Nachrichten über Kersting, der damals gleich ihr als Freund in dem Hause des älteren Kügelgen aus und ein ging. Sie schildert ihn als munteres joviales Künstlerblut, zu jedem Scherz aufgelegt. An dem Befreiungskriege der Jahre 1813 bis 1815 nahm er in der Lützowschen Freischar teil, mit dem Eisernen Kreuz geschmückt, kehrte er als Offizier zurück.

Es ist neben Kersting vielleicht kein deutscher Maler zu nennen, der die zarten Töne, in die das damalige Leben sich kleidete, so fein, wie er zusammenzustimmen vermocht hat.

Vielleicht noch bedeutender als das Bildchen mit der Stickerin ist in dieser Rücksicht das Interieur, in dem der Künstler sich selbst (oder den Maler Kügelgen), vom Rücken gesehen, dargestellt hat. Es ist im Jahre 1811 in Dresden gemalt.

Wieder fällt das Licht von der Seite her durch ein Fenster mit durchscheinenden weißen Gardinen in den behaglich niedrigen Raum. Mit vollendeter Kunst ist das Spiel von Licht und Schatten auf der hell mahagonifarbenen Schreibkommode, auf der kahlen, hellgetünchten Wand, von der sich die weißen Gipsmodelle abheben, und auf dem Dielenfußboden wiedergegeben. Licht und Schatten füllen wirklich den Raum. In der scheinbar so großen Schlichtheit des Bildes äußert sich ein feines Empfinden für die mannigfaltigen Nuancen heller und grauer Töne und eine Malfertigkeit, wie sie der Epoche bisher rundweg abgesprochen wurde. Mit der gleichen Meisterschaft wie die kühle einfallende Tageshelle weiß Kersting die besondere weiche ruhende Atmosphäre der künstlichen Beleuchtung wiederzugeben: die strahlende Helle der argandschen Lampe, gedämpft durch einen durchscheinend grünen Seidenschirm. „Der elegante Leser" — so heißt das Bildchen, höchst bezeichnend für den zierlich abgemessenen Umgangston der Zeit, in den Briefen, die zwischen Goethe und Luise Seidler, seiner „schlanken Freundin" hin und her gingen — sitzt in grauviolettem Schlafrock an dem aufgeschlagenen Schreibpult, auf dem oben vor einer Bücherreihe mildgrün überhaucht ein Psychefigürchen steht. Das ist die rechte Biedermeierstimmung, deren durchgebildete Kultur wir auch hier wieder empfinden an den feingeschwungenen Gliedern des Stuhles sowohl wie an dem kandelaberartigen schlank aufstrebenden Tischchen, auf dessen kreisrunder Platte die kerzenförmige Lampe mit messingnem Ölbassin steht." (Vgl. „Die Freude" V. Band: „Deutsche Bildnisse vor hundert Jahren.")

Stube mit Selbstbildnis. Tafel 19. 1811. Br. 0,36, H. 0,46. Großherzogliches Schloß, Weimar.

Das Paar am Fenster. Tafel 22. 1817. Br. 0,36, H. 0,47. Besitzer: Geheimrat von Mayer in Dresden. Auf der Jahrhundertausstellung 1906 G. von Kügelgen zugeschrieben, später von W. von Seidlitz Kersting zugewiesen.

Die Stickerin. Tafel 23. 1812. Br. 0,36,
H. 0,46. Großherzogliches Schloß in
Weimar.

Der Maler Friedrich in seinem Atelier.
Tafel 29. Br. 0,40, H. 0,53. Nationalgalerie in Berlin.

Der elegante Leser. Tafel 33. 1812.
Br. 0,36, H. 0,46. Großherzogliches
Schloß, Weimar.

Kinder am Fenster. Tafel 34. 1843.
Br. 0,15, H. 0,19. Besitzer: Karl Sibeth
in Güstrow.

Mädchen vor dem Spiegel. Tafel 35. 1822.
Br. 0,35, H. 0,45. Schlesw.-Holstein.
Kunstverein in Kiel.

KOBELL, Wilhelm von, geboren 1766 in
Mannheim, gestorben 1855 in München.
Tätig in Mannheim, Düsseldorf, Wien,
Paris, München.

Die Belagerung von Kosel 1807. Tafel 36.
1808. Br. 3,02, H. 2,00. Besitzer: 10. Feld-
artillerieregiment in München.

Der Reiter. Tafel 38. 1823. Br. 0,19, H. 0,25.
Großherzogliches Museum, Darmstadt.

KRÜGER, Franz, geboren 1797 bei Köthen,
gestorben 1857 in Berlin. Autodidakt.
Tätig in Berlin und Petersburg.

Mädchenbildnis. Tafel 47. Br. 0,60, H. 0,71.
Besitzerin: Frau Heidfeld, Danzig.

Junges Mädchen mit Blumen. Tafel 49.
1848. Br. 0,61, H. 0,71. Besitzerin:
Frau Helene Conrad, geborene Billroth,
Wien.

Parade auf dem Opernplatz zu Berlin.
Tafel 50. Ausschnitt aus dem Gemälde
im königl. Schloß zu Berlin. Br. 3,90,
H. 2,47. 1839.

NIEDERÉE, Johann Martin, geboren 1830
zu Linz am Rhein, gestorben 1853 in
Berlin. Tätig in Berlin.

Die Mutter des Künstlers. Tafel 60. 1850.
Br. 0,16, H. 0,22. Besitzer: Geheimrat
Dr. Kaufmann, Berlin.

OLDACH, Julius, geboren 1804 in Hamburg,
gestorben 1830 in München. Tätig in
München und Hamburg.

Selbstbildnis. Tafel 52. Um 1820. Br. 0,15,
H. 0,20. Kunsthalle, Hamburg.

ANGEBLICH OLDACH.

Der alte Müller. Tafel 54. Um 1828.
Br. 0,39, H. 0,47. Kunsthalle in Hamburg.

OLIVIER, Johann Heinrich Ferdinand
von, geboren 1785 in Dessau, gestorben
1841 in München. Tätig in Paris, Wien,
München.

Salzburgische Landschaft. Tafel 14. 1824.
Br. 0,63, H. 0,49. Königl. Gemäldegalerie,
Dresden.

RICHTER, Adrian Ludwig, geboren 1803
in Dresden, gestorben ebendort 1884.

1823—1827 in Italien. Sonst namentlich
in Dresden tätig.

Die Bedeutung Ludwig Richters, der
einmal als sein künstlerisches Bekenntnis
aussprach: „Der Künstler sucht darzustellen in aller Sichtbarkeit der Menschen
Lust und Leid und Seligkeit, der Menschen Schwachheit und Torheit, in allem
des großen Gottes Güte und Herrlich-
keit", liegt ja so vorzüglich im Holzschnitte, daß eine (noch dazu so be-
schränkte) Auswahl seiner Gemälde,
wie sie sich dem Rahmen dieses Werkes
einfügen ließ, nur gleichsam einen Ausschnitt seines Wesens, nicht aber das
Wesen des ganzen Künstlers zeigen
kann.

Überfahrt am Schreckenstein. Tafel 61.
1837. Königl. Gemäldegalerie in Dresden.

Blick ins Tal von Amalfi. Tafel 62. 1826.
Br. 1,36, H. 0,98. Städtisches Museum,
Leipzig.

Abendandacht am Walde. Tafel 63. 1842.
Städtisches Museum in Leipzig.

Brautzug im Frühling. Tafel 64. 1847.
Königliche Gemäldegalerie in Dresden.

Schneewittchen. Tafel 65. 1870. Aquarelle.
Nationalgalerie in Berlin.

RUNGE, Philipp Otto, geboren 1777 zu
Wolgast, gestorben 1810 zu Hamburg.
Tätig von 1799—1801 in Kopenhagen,
von 1801—1804 in Dresden. Sonst in
Hamburg, wo er dem Kreise Matthias
Claudius' nahestand.

„Philipp Otto Runge gehört menschlich
und künstlerisch der Generation der sieb-
ziger Jahre des XVIII. Jahrhunderts an.
Wackenroder und Tieck, Friedr. Schlegel
und Novalis sind seine nächsten Alters-
genossen, mit ihnen ist er auch inner-
lich am meisten verwandt, ja mit Tieck
verband ihn eine jahrelange vertraute
Freundschaft. Wie sie alle, ist Runge
in der feinen geistigen Atmosphäre der
letzten Jahrzehnte des Jahrhunderts auf-

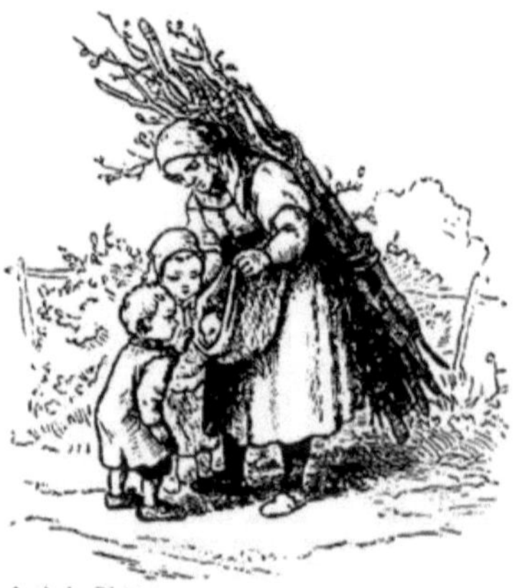

Ludwig Richter.

gewachsen, die aus der abstrakten idealistischen Philosophie Kants und der plastischen Sinnlichkeit der goethischen Dichtung so seltsam gemischt war; gleich ihnen strebte er über die scheinbar festgesetzten Grenzen der Klassizität zu einer neuen romantischen Kunstform. Aber während jene kaum irgendwo über den geistreichen Aphorismus oder eine, nach Wilhelm Schlegels eigenem Urteil „bloß spielende, müßige, träumerische Phantastik" hinauskamen, hat Runge in seiner Kunst bildlicher Darstellung eine neue anschauliche Form für sein ebenso grenzenloses Empfinden wirklich gefunden. Wenigstens die Grundlagen und die Umrisse einer neuen Form." (Vgl. Spemanns Museum XI, 1.)

Selbstbildnis. Tafel 1. Lithographie von Otto Spekter nach einem verschollenen Ölgemälde Runges.

Der Morgen. Tafel 3. 1805. Br. 0,81, H. 1,06. Kunsthalle in Hamburg.

Zwei Fragmente aus der zweiten Redaktion des „Morgens". Tafel 2. 1808. Br. 0,32, H. 0,52 und Br. 0,32, H. 0,33. Kunsthalle in Hamburg.
Über die Bedeutung von Runges „Tageszeiten" innerhalb der deutschen Kunst im Anfange des 19. Jahrhunderts ist die Einleitung zu vergleichen.

Söhnchen des Künstlers. Tafel 4. 1805. Br. 0,32, H. 0,39. Besitzer: Rittmeister Runge in Saarbrücken.

Studie zum Bildnis der Mutter. Tafel 6. 1806. Br. 0,24, H. 0,27. Kunsthalle in Hamburg.

Der Künstler, seine Frau und sein Bruder. Tafel 6. 1804. Br. 1,22, H. 1,00. Kunsthalle in Hamburg.

Die Kinder Hülsenbeck. Tafel 5. 1805. Br. 1,40, H. 1,30. Kunsthalle in Hamburg.

Die Eltern des Künstlers. Tafel 7. 1806. Br. 1,31, H. 1,94. Kunsthalle in Hamburg.
„Diese drei großen Gemälde aus Runges Hamburger Zeit (1804—1810), zwischen denen ein paar kleinere Arbeiten einzuordnen wären, haben einen höheren Charakter, einen Zug, den man versucht ist historisch zu nennen. Von Bild zu Bild ist eine Entfaltung der künstlerischen Persönlichkeit zu spüren. Die Feinheit der malerischen Lichtbeobachtung und die Leuchtkraft der hellen Farben erheben das Kinderbild mit den hohen Sonnenblumenstauden über das kurz zuvor gemalte Dreifigurenbild, und wieder greift dann die hieratische Feierlichkeit des Elternbildes, die noch etwas anderes ist als das Gemessene altväterischer Vornehmheit, in der Stimmung weit über das Kinderbild hinaus. Das Kinderbild aber hat zuerst wieder die Aufmerksamkeit auf Runge gelenkt. Hier ist in der Art, wie der Luftraum als einheitliches Volumen fühlbar gemacht ist, in der Bedeutung, die dem

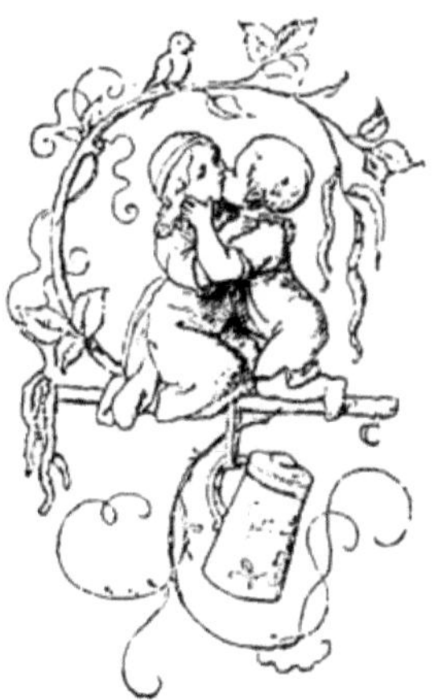

Luwig Richter.

Phänomen des offenen Sonnenlichtes — bis auf die Wiedergabe eines von farbigen Reflexlichtern aufgehellten Schattens — im Ganzen des Bildes eingeräumt ist, wenigstens schon gerührt an das große malerische Problem, das während der zweiten Jahrhunderthälfte einer nun freilich ganz neuen Lösung entgegengeführt werden sollte." (Vgl. Spemanns Museum XI, 1.)

SCHICK, Gottlieb, geboren in Stuttgart 1779, gestorben dortselbst 1812. 1802—1811 in Rom; später in Stuttgart tätig.

Adelhaid und Gabriele von Humboldt als Kinder. Tafel 8. 1809. Br. 0,96, H. 1,25. Freifrau von Heinz, Schloß Tegel.

Karoline von Humboldt. Tafel 9. 1809. Br. 0,99, H. 1,30. Besitzerin: Freifrau von Heinz, Schloß Tegel.

SCHNORR VON CAROLSFELD, Julius, geboren 1794 in Leipzig, gestorben 1872 in Dresden. 1817—1827 in Rom. Später in München und namentlich in Dresden.

Vittoria Caldoni. Tafel 10. 1823. Br. 0,66, H. 0,90. Besitzer: Major a. D. C. Geisberg, Berlin.

Besuch der Familie Johannes des Täufers bei der Familie Christi. Tafel 12. 1817. Br. 1,02, H. 1,23. Königliche Gemäldegalerie in Dresden.

SCHWIND, Moritz von, geboren 1804 in Wien, gestorben 1871 in München. Tätig in Wien, Venedig, Karlsruhe, Frankfurt a/M., meist aber in München.
Während der mittleren Jahrzehnte des 19. Jahrhunderts erreichte der akademische Betrieb in der deutschen Kunst seinen Höhepunkt. Jetzt wirkte nicht mehr eine auf die Darstellung großer Unterschiede und allgemeiner Zusammenhänge ausgehende Naturforschung an-

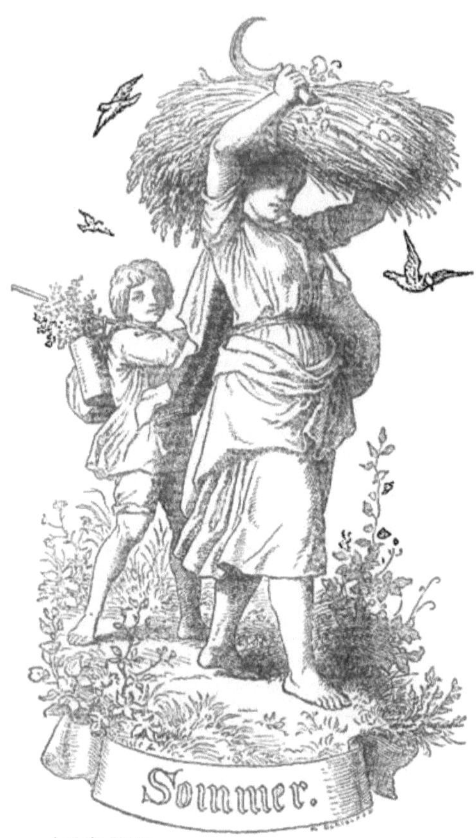

Ludwig Richter.

regend und fördernd auf die Künstler — wie in den ersten und wieder auch in den letzten Jahrzehnten des Jahrhunderts —, an ihre Stelle trat in großem Umfange die Geschichtswissenschaft und die gelehrte Kunsttheorie, deren Einfluß auf die gleichzeitige deutsche Kunst wenig heilsam war. Die Zahl der Künstler, die mit Verzicht auf lauten Ruhm mit Verzicht auch auf die Verkäuflichkeit ihrer Werke damals still ihre eigenen Wege gingen, war gering. Ludwig Richter in Dresden gehört zu ihnen, Ferdinand Waldmüller in Wien, Spitzweg in München, sie alle aber überragend an allgemeiner Gestaltungskraft, an Reichtum künstlerischen Erlebens Moritz Schwind. Wenn Richters Gemälde und Holzschnitte von fern an die Weichheit (und Hausbackenheit) Uhlands erinnern, so lebt in Schwind etwas von Goethes unmittelbarer Naturkraft und von Eichendorfs frischer und sonniger Poesie. Schwind war im

weitesten Sinne des Wortes der deutscheste Maler seiner Zeit. In seinen Gemälden lebte die ganze Poesie der deutschen romantischen Zeit noch einmal mit neuer Gesundheit und Frische in einer neuen Form auf. Wenn noch jetzt an Schwinds Gemälden getadelt wird, daß ihnen die unmittelbare Naturwahrheit der malerischen Erscheinung fehlt, daß sie der malerischen Qualitäten ermangeln, die der heutigen Generation gar zu sehr als die wesentlichen Bedingungen des Kunstwerks überhaupt erscheinen, so ist sehr ernstlich zu bedenken, ob nicht Schwinds persönlicher Stil die seiner künstlerischen Phantasie allein gemäße Kunstform sei, und ob überhaupt mit anderen künstlerischen Mitteln eine gleiche oder auch nur irgend ähnliche Wirkung zu erzielen sei. Kein Künstler ist auf die gegebene Erscheinung der Natur unverbrüch.ich zu verpflichten, er muß über sie stilisierend, umbildend hinausgehen dürfen, soweit seine formbildende Phantasie ihn treibt. In dem Maße wie Schwinds poetische Phantasie über das Gegenständliche der Natur hinausgeht, in dem gleichen Maße mußte er auch über die Erscheinungsform der Natur hinausstreben, wollte er ehrlich bleiben und die seinen Erfindungen entsprechendste Form finden.

Selbstbildnis im Alter von 18 Jahren. Tafel 66. 1822. Br. 0,19, H. 0,25. Besitzer: Professor Dr. Ernst Freiherr von Schwind in Wien.

Der Spaziergang. Tafel 67. 1827. Br. 0,94, H. 0,60. Besitzer: Exzellenz L. Wrba in Wien.

Rübezahl. Tafel 68. Erste Fassung: 1831. Br. 0,13, H. 0,23. Besitzer: Dr. A. Gülcher in Wien.

Die drei Einsiedler. Tafel 69. 1860. Br. 0,51, H. 1,08. Schackgalerie in München.

Die Kapelle im Walde. Tafel 70. Um 1858. Br. 0,37, H. 0,33. Schackgalerie in München.

Morgensonne. Tafel 71. 1858. Br. 0,40, H. 0,34. Schackgalerie in München.

Reiter ins Tal zurückblickend. Tafel 72. Nach 1860. Br. 0,22, H. 0,35. Schackgalerie in München.

Elfentanz. Tafel 72. Nach 1844. Br. 0,45, H. 0,62. Schackgalerie in München.

Der Falkensteiner Ritt. Tafel 73. 1843 bis 1844. Br. 0,94, H. 1,52. Städtisches Museum in Leipzig.

Ein Wanderer blickt in die Landschaft. Tafel 74. Nach 1860. Br. 0,22, H. 0,37. Schackgalerie in München.

Abschied im Morgengrauen. Tafel 75. 1859. Br. 0,24, H. 0,36. Nationalgalerie in Berlin.

Köpfe der Kinder von Julius Schnorr von Carolsfeld. Tafel 76. 1839—1840. Br. 0,87, H. 0,63. Kunsthalle, Hamburg.

Die Hochzeitsreise. Tafel 77. Um 1862.
Br. 0,41, H. 0,52. Schackgalerie, München.

Spielmann beim Einsiedel. Tafel 78.
Um 1846. Br. 0,45, H. 0,60. Besitzer:
Bezirksamtmann Münch in Auerbach a. B.

Die Spazierfahrt. Tafel 78. Um 1860.
Br. 0,47, H. 0,26. (Schwind und Bauern-
feld auf einer Landpartie.) Besitzerin:
Fräulein F. von Wertheimstein in Wien.

Einsiedler, die Rosse des Ritters tränkend.
Tafel 79. Nach 1860. Br. 0,38, H. 0,47.
Schackgalerie in München.

Der wunderliche Heilige. Tafel 80. Erste
Ausführung. 1835. Br. 0,45, H. 0,41.
Besitzer: Geheimrat Professor Franz von
Liszt, Charlottenburg.

STEINLE.

Das Töchterchen des Künstlers. Tafel 59.
Nationalgalerie, Berlin.

UNBEKANNTE MEISTER.

Fürst Eduard von Lichnowsky. Tafel 39.
Um 1830. Br. 1,05, H. 1,26. Besitzer:
Karl Max Fürst von Lichnowsky in
Kuchelna.

Kommerzienrat Josef Liebermann.
Tafel 45. 1842. Br. 1,29, H. 1,80. Besitzer: Professor Max Liebermann, Berlin.

Herr und Frau Justizrat Welcker. Tafel
46, 48. 1818. Jedes Bild: Br. 0,32, H. 0,40
Besitzerin: Fräulein Emma Welcker in
Heidelberg.

VEIT, Philipp, geboren 1793 in Berlin, gestorben 1877 in Mainz. 1815—1830 in
Italien. Später in Frankfurt a/M., Sach-
senhausen, Mainz tätig.

Selbstbildnis aus der Jugendzeit. Taf. 36.
Um 1819. Br. 0,27, H. 0,39. Städtische
Gemäldegalerie in Mainz.

Selbstbildnis im 80. Lebensjahre. Taf. 36.
Um 1873. Br. 0,19, H. 0,24. Städtische
Gemäldegalerie in Mainz.

Freifrau von Bernus. Tafel 37. 1838.
Br. 0,97, H. 1,28. Besitzer: Freiherr von
Bernus in Heidelberg.

WALDMÜLLER, Ferdinand, geboren
1793 in Wien, gestorben ebendort 1865.
Namentlich in Wien tätig.

Aus dem Prater. Tafel 40. 1831. Br. 0,26,
H. 0,31. Kunsthalle in Hamburg.

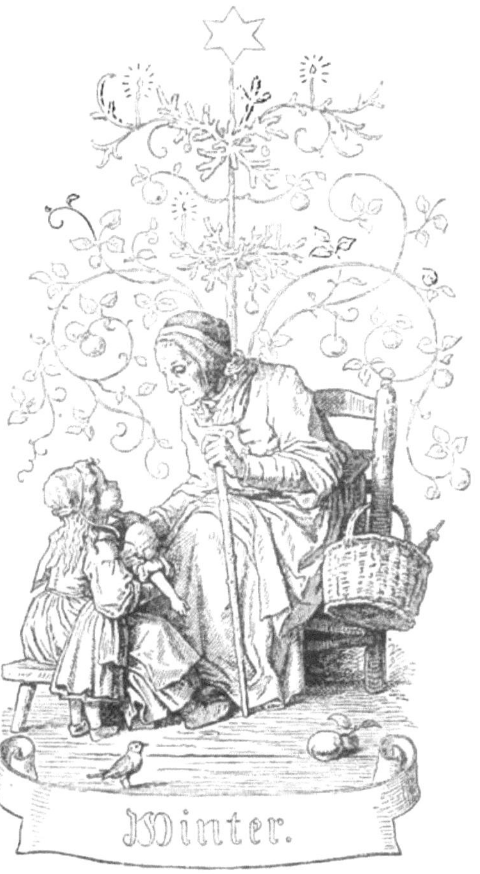

Ludwig Richter.

Fürst André Razumowsky. Tafel 41.
1835. Br. 0,30, H. 0,38. Besitzer: Graf
Razumowsky in Troppau.

Alte Dame im Lehnstuhl. Tafel 42. 1834.
Br. 0,28, H. 0,33. Moderne Galerie in
Wien.

Die Tante des Künstlers. Tafel 43. 1851.
Oval. Br. 0,41, H. 0,50. Nationalgalerie,
Berlin.

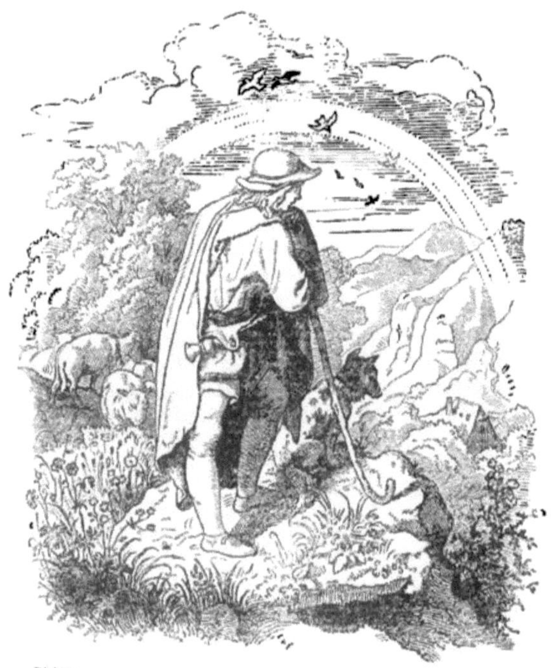

Richter.

Ein bändige Mörike-Ausgabe 1.80

Mit Porträt-Silhouette und sieben Zeichnungen Moritz von Schwinds.

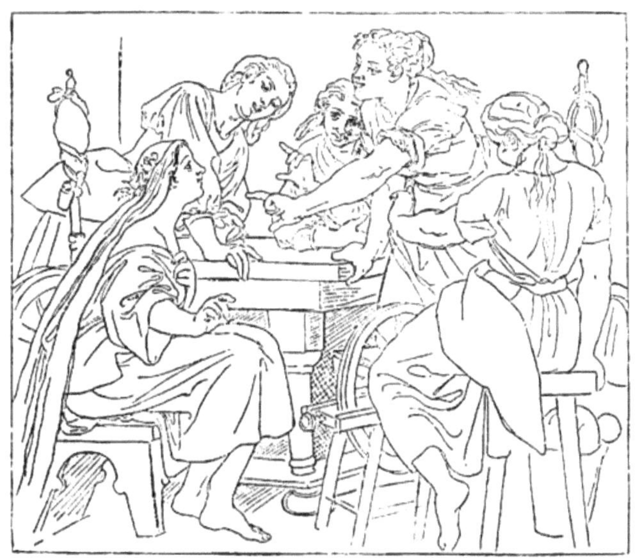

Moritz von Schwind, Die schöne Lau unter den Mägden.

Unter dem Titel:

„Du bist Orplid, mein Land!“

veröffentlichte WILL VESPER im Verlage von KARL ROBERT Langewiesche
eine Auswahl aus den Gedichten und Prosaschriften EDUARD MÖRIKES.

Diese einbändige Mörike-Auswahl beruht auf dem Gedanken, daß nicht DER am meisten Freude und Schönheit aus den Werken gerade dieses Dichters schöpfen wird, der sie ALLE getreulich durchliest, sondern DER vielmehr, der zum Reichsten und Herrlichsten wieder und wieder zurückkehrt. DIE MÜNCHENER „PROPYLÄEN“ urteilten 1905 über DIESE Mörike-Auswahl: „Unter den mancherlei Mörike-Ausgaben, die uns das letzte Halbjahr beschert hat, ist dies die liebenswürdigste, sowohl im Hinblick auf die getroffene Auswahl der Dichtungen als auf die künstlerische Gestaltung des Buches. Das Buch enthält eine reiche Auswahl der Lieder und Gedichte Mörikes, den alten Turmhahn, das Märchen vom sicheren Mann, Bruchstücke aus der Idylle vom Bodensee, die Historie von der schönen Lau und Mozart auf der Reise nach Prag. Die Reihenfolge der Gedichte ist im allgemeinen eine chronologische. So steht das Leben des Dichters zwischen den Zeilen!“

15.—20. UND 21.—25. TAUSEND: KARTONIERT 1.80 MARK.

Elegant in Leinen gebunden 3 Mark.

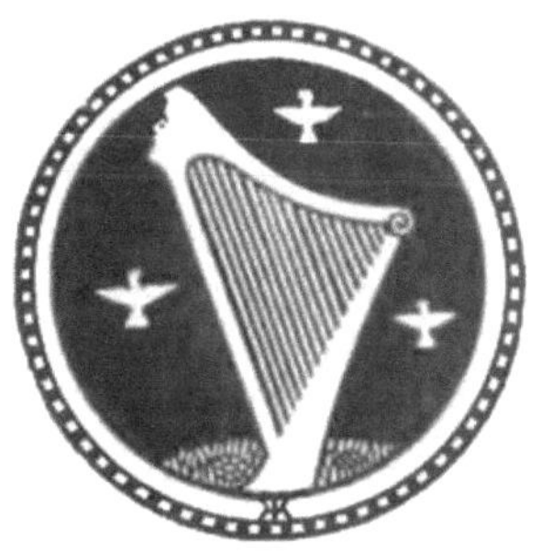

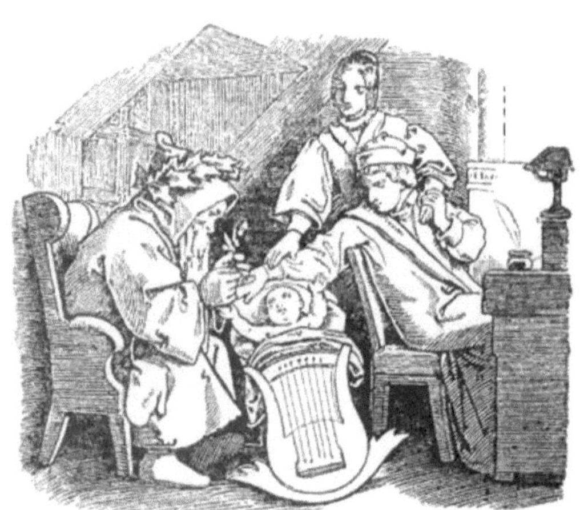

SCHWIND, Herr Winter an der Wiege des Frühlings.